Active Korean 4

서울대학교 언어교육원
Language Education Institute
Seoul National University

Workbook

TWO PONDS
|주| 투 판 즈

Preface 머리말

Active Korean 4 Workbook은 서울대학교 언어교육원이 개발한 단기 연수용 한국어 교재 시리즈 중 네 번째 단계인 Active Korean 4의 보조 교재로서, 주 교재에서 학습한 내용의 연습 및 복습을 위해 개발되었다. 이 책은 주 교재에서 학습한 어휘 및 문법, 언어 기능별 연습을 보강하고 심화하여 실제 언어생활에서 유창하고 정확하게 한국어를 활용할 수 있도록 하는 데 주안점을 두었으며, 다음과 같은 특징을 지니고 있다.

첫째, 각 단원에서 학습한 어휘의 의미를 정확히 파악하고 적절하게 사용할 수 있도록 하기 위한 다양한 형태의 어휘 연습 문제가 포함되어 있다.

둘째, 주 교재에서 간단히 다루었던 주요 문법 연습이 좀 더 단계적으로 제시되어 해당 문법의 형태와 의미를 학습자가 내재화할 수 있도록 구성하였다. 또한 기초적인 형태 변화는 물론, 그 문법의 의미를 가장 적절히 제시하고 연습할 수 있는 다양한 유형의 문법 연습들이 포함되어 있다.

셋째, 목표 문형과 비슷한 의미나 형태를 지닌 문형들을 종합적으로 제시함으로써 나선형 학습을 통한 심화, 확장이 가능하도록 구성하였다.

넷째, 주 교재에서 다루었던 언어 기능별 연습을 보강하는 다양한 과제가 제공된다. 이를 통해 학습자는 듣기, 말하기, 읽기, 쓰기의 기능별 언어 능력을 강화하고 나아가 이들을 통합한 언어 사용 능력을 기를 수 있다.

다섯째, 다양한 형태의 연습이 풍부하게 제공되어 학습자의 수준이나 학습 상황에 따라 선택적인 활용이 가능하다. 또한 핵심 문법의 설명과, 오디오 CD 등이 포함되어 있어 독립적인 자율 학습 교재로도 활용될 수 있다.

이 책이 완성되기까지 오랜 기간에 걸쳐 집필 및 출판 과정에 헌신적으로 참여해 주신 교재개발 위원회 선생님들의 노고에 이 자리를 빌려 깊은 감사를 드린다. 아울러 이 책이 출판되기까지 많은 도움을 주신 투판즈의 사장님과 편집진 여러분께도 감사의 마음을 전한다.

2013. 6.

정 상 준
서울대학교 언어교육원 원장

Active Korean 4 Workbook has been designed as a supplementary resource for Active Korean 4, the fourth volume in the Korean language textbook series developed for short-term study by the Language Education Institute of Seoul National University. This workbook is carefully coordinated to function as a review exercise for learners of what they have learned from the main textbook. The primary goal of this book is to develop learners' proficiency and help them communicate with greater fluency and accuracy in real-life situations through additional practices of vocabulary and grammar. The special features of this book are as follows:

First, this book provides vocabulary exercises in various forms in order to consolidate the understanding and application of material learned from the main textbook.

Second, the step-by-step flow of the grammar exercises provides learners with the opportunities to learn the structure in a meaningful way and make them possible to personalize the target grammar. In addition, the various exercises will ensure that learners grasp the meaning of grammar and apply it in appropriate ways while mastering the basic structural patterns.

Third, the workbook adopts a 'spiraled approach' - a comprehensive presentation of similar forms and meaning of the patterns from the main textbook. This promotes more effective and comprehensive learning of patterns.

Fourth, a wide range of tasks are employed to develop learners' proficiency with listening, speaking, reading, and writing. Through the tasks, learners will reinforce and promote competence to integrate all four skills.

Fifth, the forms and contents of the exercises are diversified and intensified so as to allow selective use according to learners' needs and situations. The Active Korean 4 Workbook also includes key grammar sections explained in English, and provides audio CD so that the workbook itself can be effectively used for self-study.

We wish to express our sincere gratitude to all the instructors from the Textbook Development Committee who dedicated their time and effort to this project. In addition, we would like to extend our gratitude to the CEO of TWOPONDS and his editorial staff for their generous support in having this volume published.

June 2013

Jeong Sangjun
Executive Director
Language Education Institute, Seoul National University

How to Use This Book 일러두기

This book consists of 9 units. Each unit consists of the following sections.

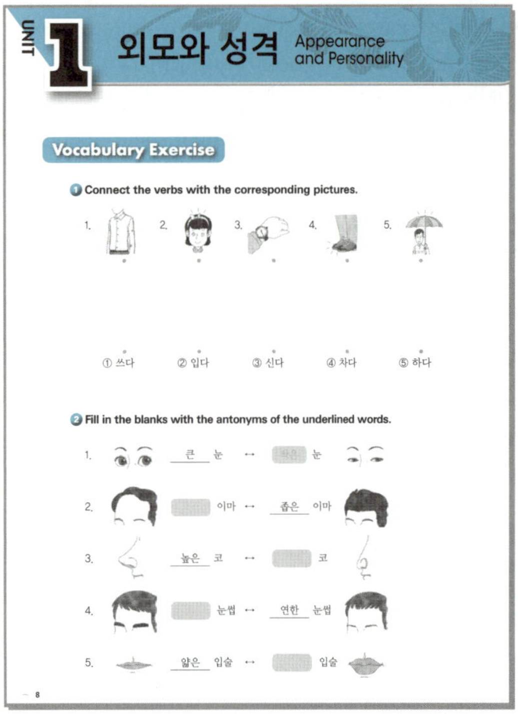

UNIT 1 외모와 성격 Appearance and Personality

Vocabulary Exercise

1 Connect the verbs with the corresponding pictures.

① 쓰다 ② 입다 ③ 신다 ④ 차다 ⑤ 하다

2 Fill in the blanks with the antonyms of the underlined words.

1. 큰 눈 ↔ 작은 눈
2. 이마 ↔ 좁은 이마
3. 높은 코 ↔ 코
4. 눈썹 ↔ 연한 눈썹
5. 얇은 입술 ↔ 입술

8

Vocabulary Exercise

Various types of vocabulary exercises are provided to build vocabulary and expressions that relate to the topic of each unit.

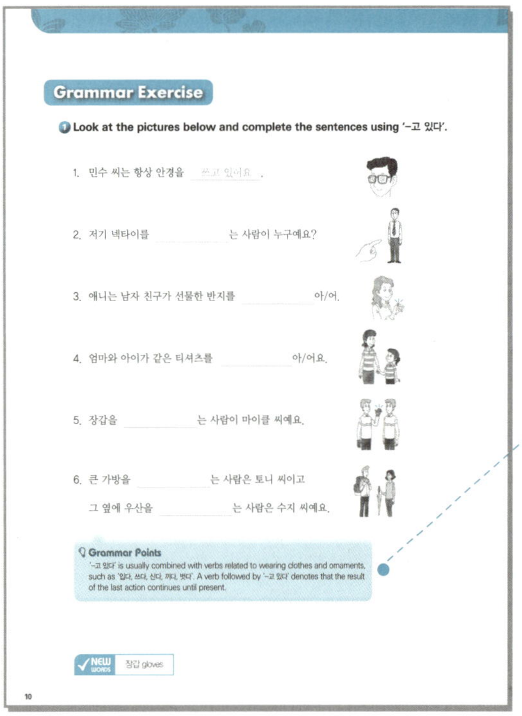

Grammar Exercise

1 Look at the pictures below and complete the sentences using '-고 있다'.

1. 민수 씨는 항상 안경을 쓰고 있어요.
2. 저기 넥타이를 ____는 사람이 누구예요?
3. 애니는 남자 친구가 선물한 반지를 ____아/어.
4. 엄마와 아이가 같은 티셔츠를 ____아/어요.
5. 장갑을 ____는 사람이 마이클 씨예요.
6. 큰 가방을 ____는 사람은 토니 씨이고 그 옆에 우산을 ____는 사람은 수지 씨예요.

Grammar Points
'-고 있다' is usually combined with verbs related to wearing clothes and ornaments, such as '입다, 쓰다, 신다, 끼다, 벗다'. A verb followed by '-고 있다' denotes that the result of the last action continues until present.

NEW WORDS 장갑 gloves

10

Grammar Exercise

Step-by-step exercises in various forms are provided from sentence-level controlled practice to more complicated ones for the use of the structure in a communicative context. Throughout the exercises, learners can ensure successful acquisition of grammar learned from the main textbook.

Grammar Points

Brief explanations are provided for the structure and usage of the target grammar.

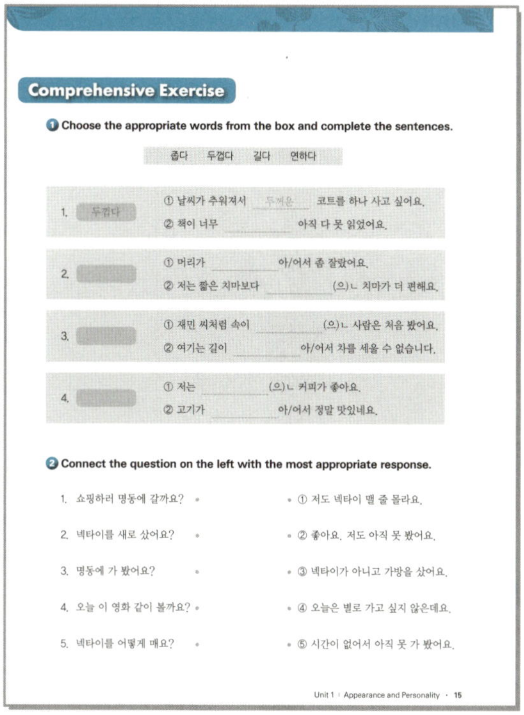

Comprehensive Exercise

1 Choose the appropriate words from the box and complete the sentences.

좁다 두껍다 길다 연하다

1. 두껍다 ① 날씨가 추워져서 두꺼운 코트를 하나 사고 싶어요. ② 책이 너무 ______ 아직 다 못 읽었어요.

2. ① 머리가 ______ 아/어서 좀 잘랐어요. ② 저는 짧은 치마보다 ______ (으)ㄴ 치마가 더 편해요.

3. ① 재민 씨처럼 속이 ______ (으)ㄴ 사람은 처음 봤어요. ② 여기는 길이 ______ 아/어서 차를 세울 수 없습니다.

4. ① 저는 ______ (으)ㄴ 커피가 좋아요. ② 고기가 ______ 아/어서 정말 맛있네요.

2 Connect the question on the left with the most appropriate response.

1. 쇼핑하러 명동에 갈까요? • • ① 저도 넥타이 맬 줄 몰라요.
2. 넥타이를 새로 샀어요? • • ② 좋아요. 저도 아직 못 봤어요.
3. 명동에 가 봤어요? • • ③ 넥타이가 아니고 가방을 샀어요.
4. 오늘 이 영화 같이 볼까요? • • ④ 오늘은 별로 가고 싶지 않은데요.
5. 넥타이를 어떻게 매요? • • ⑤ 시간이 없어서 아직 못 가 봤어요.

Unit 1 | Appearance and Personality · 15

Comprehensive Exercise

A comprehensive review for each unit is available in this section. Through systematical exercise, learners have an opportunity to consolidate language by reviewing and relating with the grammar acquired from previous units. This can also serve as a self-assessment tool by both reorganizing what has been learned, and by checking achievements.

Systematic exercises of four skills - reading, writing, speaking, and listening - are included in the Comprehensive Exercise.

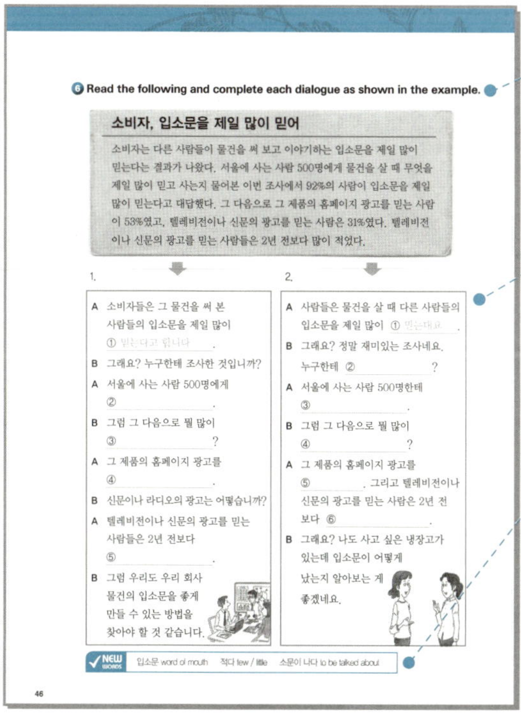

6 Read the following and complete each dialogue as shown in the example.

소비자, 입소문을 제일 많이 믿어

소비자는 다른 사람들이 물건을 써 보고 이야기하는 입소문을 제일 많이 믿는다는 결과가 나왔다. 서울에 사는 사람 500명에게 물건을 살 때 무엇을 제일 많이 믿고 사는지 물어본 이번 조사에서 92%의 사람이 입소문을 제일 많이 믿는다고 대답했다. 그 다음으로 그 제품의 홈페이지 광고를 믿는 사람이 53%였고, 텔레비전이나 신문의 광고를 믿는 사람은 31%였다. 텔레비전이나 신문의 광고를 믿는 사람들은 2년 전보다 많이 적었다.

1.
A 소비자들은 그 물건을 써 본 사람들의 입소문을 제일 많이 ① 믿는다고 합니다.
B 그래요? 누구한테 조사한 것입니까?
A 서울에 사는 사람 500명에게 ② ______.
B 그럼 그 다음으로 뭘 많이 ③ ______?
A 그 제품의 홈페이지 광고를 ④ ______.
B 신문이나 라디오의 광고는 어떻습니까?
A 텔레비전이나 신문의 광고를 믿는 사람들은 2년 전보다 ⑤ ______.
B 그럼 우리도 우리 회사 물건의 입소문을 좋게 만들 수 있는 방법을 찾아야 할 것 같습니다.

2.
A 사람들은 물건을 살 때 다른 사람들의 입소문을 제일 많이 ① 믿는대요.
B 그래요? 정말 재미있는 조사네요. 누구한테 ② ______?
A 서울에 사는 사람 500명한테 ③ ______.
B 그럼 그 다음으로 뭘 많이 ④ ______?
A 그 제품의 홈페이지 광고를 ⑤ ______. 그리고 텔레비전이나 신문의 광고를 믿는 사람은 2년 전보다 ⑥ ______.
B 그래요? 나도 사고 싶은 냉장고가 있는데 입소문이 어떻게 났는지 알아보는 게 좋겠네요.

NEW WORDS 입소문 word of mouth 적다 few / little 소문이 나다 to be talked about

46

Reading

Numerous types of text, presented in an interesting context, are provided for reading practice.

Writing

Various types of writing tasks will help learners improve their writing skills.

New Words

New words which are not introduced in the main textbook are presented at the bottom of the page along with English translation.

How to Use This Book 일러두기

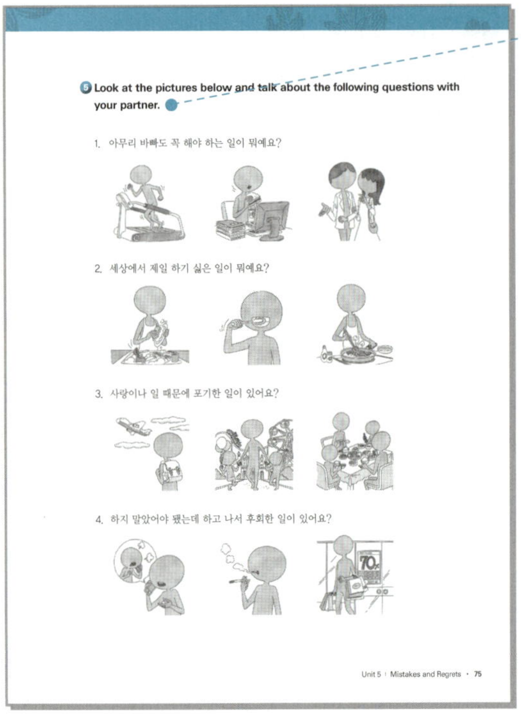
5 Look at the pictures below and talk about the following questions with your partner.

1. 아무리 바빠도 꼭 해야 하는 일이 뭐예요?
2. 세상에서 제일 하기 싫은 일이 뭐예요?
3. 사랑이나 일 때문에 포기한 일이 있어요?
4. 하지 말았어야 됐는데 하고 나서 후회한 일이 있어요?

Unit 5 | Mistakes and Regrets · 75

Speaking

Practice in reconstructing conversations learned from the main textbook and applying them to a new given situation promotes and strengthens learners' speaking abilities.

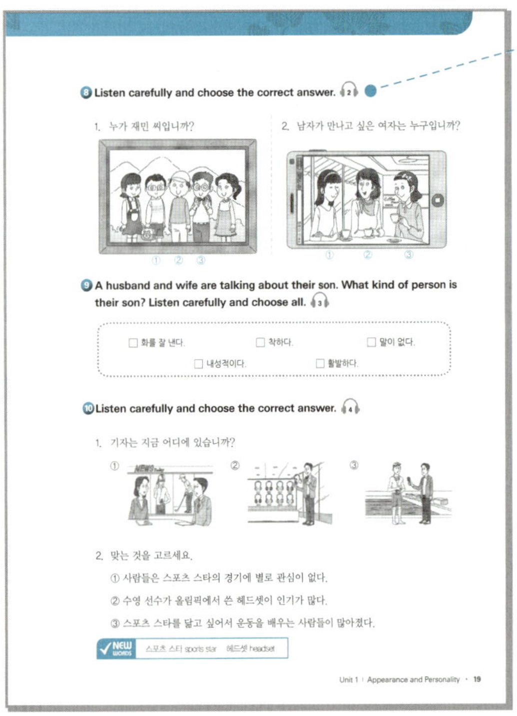
8 Listen carefully and choose the correct answer. 2

1. 누가 재민 씨입니까?
2. 남자가 만나고 싶은 여자는 누구입니까?

9 A husband and wife are talking about their son. What kind of person is their son? Listen carefully and choose all. 3

□ 화를 잘 낸다. □ 착하다. □ 말이 없다. □ 내성적이다. □ 활발하다.

10 Listen carefully and choose the correct answer. 4

1. 기자는 지금 어디에 있습니까?
2. 맞는 것을 고르세요.
① 사람들은 스포츠 스타의 경기에 별로 관심이 없다.
② 수영 선수가 올림픽에서 쓴 헤드셋이 인기가 많다.
③ 스포츠 스타를 닮고 싶어서 운동을 배우는 사람들이 많아졌다.

NEW WORDS 스포츠 스타 sports star 헤드셋 headset

Unit 1 | Appearance and Personality · 19

Listening

Various types of listening exercises based on realistic 'daily-life' language are provided to give learners confidence in listening.

Abbreviations in the book

N	noun	A	adjective
V	verb	S	sentence

Contents 차례

UNIT 1 외모와 성격 Appearance and Personality

Vocabulary Exercise

1 Connect the verbs with the corresponding pictures.

1. 
2. 
3. 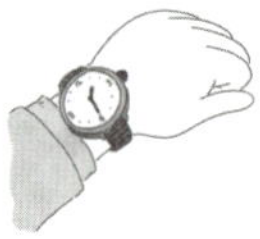
4. 
5. 

① 쓰다 ② 입다 ③ 신다 ④ 차다 ⑤ 하다

2 Fill in the blanks with the antonyms of the underlined words.

1.  큰 눈 ↔ 작은 눈 
2.  ______ 이마 ↔ 좁은 이마 
3. 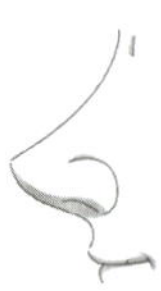 높은 코 ↔ ______ 코 
4.  ______ 눈썹 ↔ 연한 눈썹 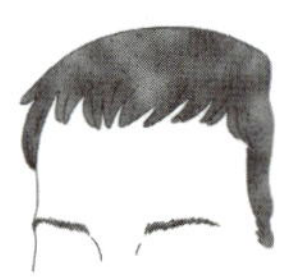
5. 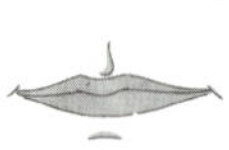 얇은 입술 ↔ ______ 입술 

3 Choose the appropriate expressions in the box and complete each dialogue.

마음이 넓다	성격이 밝다	말을 잘 듣다
말이 없다	속이 좁다	성격이 급하다

1. A 민수 씨는 너무 성격이 급해요 .

   B 맞아요. 일도 서둘러서 끝내고 기다리는 것을 싫어해요.

2. A 개는 정말 ______________ 아/어요. 주인이 앉으라고 하면 앉고 기다리라고 하면 기다리니까요.

   B 그래서 고양이보다 개를 좋아하는 사람들이 더 많은 것 같아요.

3. A 어제 마이클 씨하고 저녁 약속이 있었는데 잊어버렸어요. 화가 많이 났을까요?

   B 아니에요. 마이클 씨는 ______________ (으)니까 이해해 줄 거예요.

4. A 미치코 씨! 미치코 씨 동생은 어렸을 때도 조용했어요?

   B 네, 어렸을 때도 지금처럼 별로 ______________ 았/었어요.

5. A 내 여자 친구는 너무 ______________ 아/어. 약속 시간에 늦어서 여러 번 미안하다고 사과했는데 계속 전화를 안 받아.

   B 네가 이해해.

6. A 크리스는 참 ______________ 아/어. 항상 잘 웃고 옆에 있는 사람을 기분 좋게 만들어.

   B 맞아. 정말 괜찮은 친구야.

Grammar Exercise

1 Look at the pictures below and complete the sentences using '-고 있다'.

1. 민수 씨는 항상 안경을 ___쓰고 있어요___.

2. 저기 넥타이를 ________ 는 사람이 누구예요?

3. 애니는 남자 친구가 선물한 반지를 ________ 아/어.

4. 엄마와 아이가 같은 티셔츠를 ________ 아/어요.

5. 장갑을 ________ 는 사람이 마이클 씨예요.

6. 큰 가방을 ________ 는 사람은 토니 씨이고
   그 옆에 우산을 ________ 는 사람은 수지 씨예요.

Grammar Points

'-고 있다' is usually combined with verbs related to wearing clothes and ornaments, such as '입다, 쓰다, 신다, 끼다, 벗다'. A verb followed by '-고 있다' denotes that the result of the last action continues until present.

NEW WORDS 장갑 gloves

❷ Look at the pictures below and complete the sentences as shown in the example.

1. 떡국은 추석 음식이 아니고
설날 음식이에요.

추석 음식(X)
설날 음식(O)

2. 내 생일은 ______________________ 고
다음 주야.

이번 주(X)
다음 주(O)

3. 한국의 수도는 ______________________ 고
서울입니다.

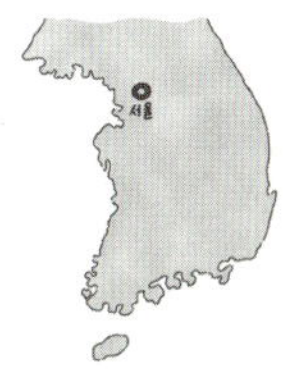

부산(X)
서울(O)

4. 옆에 있는 여자는 ______________________ 고
동생이에요.

여자 친구(X)
동생(O)

5. 여기는 ______________________ 고
남자 화장실이에요.

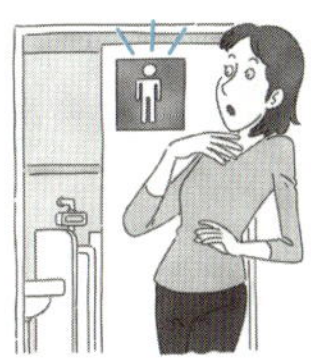

여자 화장실(X)
남자 화장실(O)

6. 제 이름은 ______________________ 고
김민주입니다.

김민수(X)
김민주(O)

Grammar Points
'N이/가 아니다' means 'is not, are not'.

NEW WORDS 수도 capital

3 Look at the pictures below and complete each dialogue using '-아/어 보이다'.

1. 

맛있다

A 케이크를 한번 만들어 봤어요.

B 맛있어 보여요 .

2. 

작다

A 이 옷은 이제 못 입을 것 같아요.

B 그러네요. ______ .

3. 

크다

A 다른 구두를 신어 볼까요?

B 네. 이 구두는 ______ .

4. 

덥다

A ______ . 코트를 좀 벗지 그래?

B 금방 다시 나갈 거야.

5. 

어렵다

A 이 문제는 너무 ______ .

B 저도 답을 모르겠어요.

6. 

행복하다

A 여기 민수 씨 결혼 사진 좀 보세요.

B 두 사람이 정말 ______ .

Grammar Points

'-아/어 보이다' is used to guess or express the perception of a person or a thing at a glance.

NEW WORDS 답 answer

4 Look at the pictures below and complete the sentences using either '–(으)ㄴ/는데' or '–았/었는데'.

1. 

제주도　　서울

제주도는 비가 오는데 서울은 날씨가 좋아요.

2. 

민수　　동생

________ 동생은 공부해요.

3. 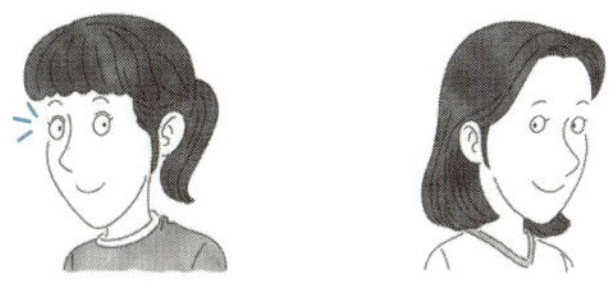

동생　　나

________ 나는 쌍꺼풀이 없다.

4. 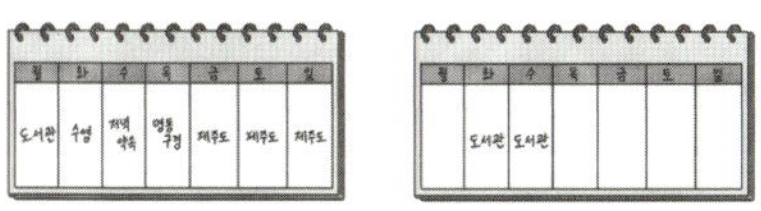

지난주　　이번 주

________ 이번 주는 별로 안 바빠요.

5. 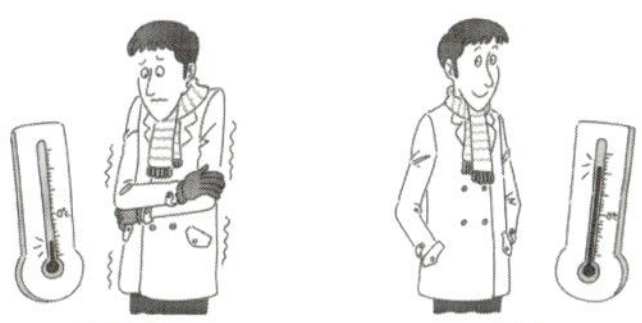

어제　　오늘

________ 오늘은 따뜻해요.

6. 

________ 돈이 없어.

7. 

떡볶이는 ________ 정말 맛있어요.

Grammar Points

'–(으)ㄴ/는데' is used to combine two contrastive sentences.

- '–(으)ㄴ데' is added to an adjective stem.
- '–는데' is added to a verb stem.
- '–았/었는데' is used for both verbs and adjectives to express past tenses.

5 Complete the following sentences. Use the words from the box and change the form as needed.

하얗다	어떻다	파랗다	노랗다	빨갛다	까맣다

1. 생선이 ______ 게 타서 먹을 수 없어요.

2. 어제 마이클 씨하고 본 영화는 ______ 았/었어요? 재미있었어요?

3. 하늘 좀 보세요. ______ (으)ㄴ 하늘에 ______ (으)ㄴ 구름이 정말 예쁘네요.

4. 바나나, 옥수수, 카레처럼 ______ (으)ㄴ 색깔 음식이 건강에 좋다고 한다.

5. 재민 씨는 술을 마시면 얼굴이 금방 ______ 아/어져요.

Grammar Points

For some adjectives with stems ending with 'ㅎ', 'ㅎ' is deleted when an ending starting with '–아/어' is added.

The last vowel of the stem, '–아/어' is changed to '–애', and '–야' is changed to '–얘'.

When an ending starting with '–으–' is added, 'ㅎ' is deleted and the '–으–' in the ending is also deleted.

NEW WORDS 타다 to burn 하늘 sky 구름 cloud 옥수수 corn 색깔 color

Comprehensive Exercise

1 **Choose the appropriate words from the box and complete the sentences.**

좁다	두껍다	길다	연하다

1. 두껍다
   ① 날씨가 추워져서 두꺼운 코트를 하나 사고 싶어요.
   ② 책이 너무 ____________ 아직 다 못 읽었어요.

2. ____________
   ① 머리가 ____________ 아/어서 좀 잘랐어요.
   ② 저는 짧은 치마보다 ____________ (으)ㄴ 치마가 더 편해요.

3. ____________
   ① 재민 씨처럼 속이 ____________ (으)ㄴ 사람은 처음 봤어요.
   ② 여기는 길이 ____________ 아/어서 차를 세울 수 없습니다.

4. ____________
   ① 저는 ____________ (으)ㄴ 커피가 좋아요.
   ② 고기가 ____________ 아/어서 정말 맛있네요.

2 **Connect the question on the left with the most appropriate response.**

1. 쇼핑하러 명동에 갈까요? • • ① 저도 넥타이 맬 줄 몰라요.
2. 넥타이를 새로 샀어요? • • ② 좋아요. 저도 아직 못 봤어요.
3. 명동에 가 봤어요? • • ③ 넥타이가 아니고 가방을 샀어요.
4. 오늘 이 영화 같이 볼까요? • • ④ 오늘은 별로 가고 싶지 않은데요.
5. 넥타이를 어떻게 매요? • • ⑤ 시간이 없어서 아직 못 가 봤어요.

③ Fill in the blanks with the correct form of the word.

	-ㅂ/습니다	-아/어요	-았/었어요	-(으)ㄹ 거예요	-(으)ㄴ/는데
듣다					
어둡다					
아프다					
살다					
빠르다					
동그랗다					

④ Complete the following dialogues. Use the words from the box and change the form as needed.

걷다	다르다	예쁘다	외롭다	하얗다	멀다

1. A 김민수 씨는 회사에서 집이 가깝습니까?
   B 아니요, 좀 ______________ ㅂ/습니다. 버스로 1시간 반쯤 걸립니다.

2. A 나는 형하고 얼굴은 닮았는데 성격은 아주 ______________ 아/어.
   B 그래, 그런 것 같아.

3. A 외국에서 살면 친구가 별로 없어서 ______________ (으)ㄹ 것 같아요.
   B 걱정하지 마세요. 재민 씨는 성격이 활발해서 금방 친구를 사귈 수 있을 거예요.

4. A 저는 한국에 와서 ______________ (으)ㄴ 눈을 처음 봤어요.
   B 저도 그래요. 고향에서는 한 번도 눈을 본 적이 없어요.

5. A 스트레스 받을 때 애니 씨는 어떻게 해요?
   B 저는 혼자 공원에 가서 ______________ 아/어요. 그러면 기분이 좀 좋아져요.

6. A 스카프가 참 ______________ 아/어요. 어디에서 샀어요?
   B 어제 동대문시장에서 샀어요.

5 Look at the pictures and complete the sentences as shown in the example.

1. 집에서는 편한 바지를 입고 있는데 (편한 바지) 회사에서는 치마를 입고 있어요 (치마).
2. 집에서는 ______________ (안경) 회사에서는 ______________ (렌즈).
3. 집에서는 ______________ (슬리퍼) 회사에서는 ______________ (구두).
4. 집에서는 ______________ (티셔츠) 회사에서는 ______________ (블라우스).

6 Look at the pictures below and complete the sentences using '-고 있다'.

민수 씨는 지금 극장에서 영화를 1. 보고 있어요 .

그런데 민수 씨가 극장에서 모자를 2. 쓰고 있어요 .

애니 씨는 친구를 만나서 차를 3. ______________ .

애니 씨는 오늘 친구가 선물한 귀걸이를 4. ______________ .

마이클 씨는 지금 버스를 5. ______________ .

하얀 셔츠와 까만 바지를 6. ______________ . 멋있어 보이네요.

수지 씨는 도서관에서 7. ______________ .

그런데 왼쪽에는 슬리퍼, 오른쪽에는 운동화를 8. ______________ .

NEW WORDS	렌즈 contact lens	왼쪽 left	오른쪽 right

7 Read the following and answer the questions.

노란색

당신에게는 다른 사람들이 생각하지 못한 새로운 아이디어가 많습니다. 또 알고 싶은 것, 배우고 싶은 것이 참 많은 사람입니다. 하지만 어려운 문제가 생기면 쉽게 포기하고 기다리는 것을 싫어하네요. 서두르지 말고 천천히 노력해 보세요.

빨간색

세상에서 제일 행복한 사람이 되고 싶은 당신. 항상 즐거운 마음으로 최선을 다해서 일하는 모습이 좋아 보이네요. 하지만 길에서 이것저것 구경할 때 조심하세요. 필요 없는 물건을 갑자기 사고 싶은 마음이 잘 생기니까요.

까만색

당신은 지금보다 미래를 생각하는 사람입니다. 그래서 항상 모든 일을 미리 준비하네요. 하지만 너무 꼼꼼한 성격이라서 스트레스가 많습니다. '다른 사람에게 내가 어떻게 보일까?' 하는 걱정도 많고요. 조금 더 마음을 편하게 가지세요.

파란색

활발한 성격을 가진 당신은 학교에서도 회사에서도 인기가 많습니다. 또 문제가 생겼을 때 침착하게 해결하기 때문에 사람들은 당신을 믿을 수 있는 사람이라고 생각합니다. 하지만 걱정이 너무 많네요. 필요 없는 걱정은 버리세요.

1. ______에 알맞는 제목을 고르세요.

① 성격을 바꿔 주는 색깔 ② 미래를 알려 주는 색깔 ③ 내 마음을 보여 주는 색깔

2. 맞으면 O, 틀리면 X 하세요.

① 파란색을 좋아하는 사람은 성격이 밝고 친구가 많다고 한다. ( )

② 노란색을 고른 사람은 성격이 급해서 잘 못 기다린다고 한다. ( )

③ 빨간색을 좋아하는 사람은 꼼꼼하게 미래를 계획하는 사람이라고 한다. ( )

NEW WORDS

새롭다 new	포기하다 to give up	이것저것 this and that
침착하다 composed / calm	해결하다 to solve	믿다 to believe

8 Listen carefully and choose the correct answer. 2

1. 누가 재민 씨입니까?

① ② ③

2. 남자가 만나고 싶은 여자는 누구입니까?

① ② ③

9 A husband and wife are talking about their son. What kind of person is their son? Listen carefully and choose all. 3

☐ 화를 잘 낸다. ☐ 착하다. ☐ 말이 없다.

☐ 내성적이다. ☐ 활발하다.

10 Listen carefully and choose the correct answer. 4

1. 기자는 지금 어디에 있습니까?

①

②

③

2. 맞는 것을 고르세요.

① 사람들은 스포츠 스타의 경기에 별로 관심이 없다.

② 수영 선수가 올림픽에서 쓴 헤드셋이 인기가 많다.

③ 스포츠 스타를 닮고 싶어서 운동을 배우는 사람들이 많아졌다.

NEW WORDS 스포츠 스타 sports star 헤드셋 headset

UNIT 2

편리한 생활 Convenient Life

Vocabulary Exercise

1 Fill in the blanks with the appropriate word.

가격　　기능　　디자인　　통화　　화질

1. ______ : 크기가 작고 예쁘다.
2. ______ : 찍은 사진을 바로 인터넷으로 보낼 수 있다.
3. ______ : 얼굴에 있는 작은 점도 볼 수 있다.
   움직일 때 찍은 사진도 깨끗하다.
4. ______ : XD100보다 더 싸다.

오성 XD500

2 Complete the following sentences. Use the words from the box and change the form as needed.

걸다　　녹화하다　　비교하다　　씻다　　절약하다　　잊어버리다　　확인하다

1. 사용하지 않는 전자 제품의 전원을 끄면 전기를 ______(으)ㄹ 수 있다.
2. 지난주에 예약한 호텔에 전화해서 다시 예약을 ______아/어야 된다.
3. 물을 자주 마시고 손을 깨끗하게 잘 ______(으)면 감기에 잘 걸리지 않는다고 한다.
4. 전자 제품을 살 때는 여러 회사 제품의 가격과 품질을 잘 ______고 사야 된다.
5. 빨리 돈을 찾아야 되는데 비밀번호를 ______아/어서 돈을 찾을 수가 없다.
6. 새로 산 핸드폰이 벌써 고장이 나서 전화를 ______(으)ㄹ 수 없다.

③ Complete the crossword puzzle.

1	a		b			e
					3	
c						
2	d				g	
			f		5	
			4			

가로 (across) →

1. 요즘은 ○○○○○(으)로 여러 가지 음식을 쉽고 빠르게 만들 수 있다.
2. 저는 집에 있을 때 항상 ○○○을/를 켜고 뉴스나 음악을 들어요.
3. A ○○이/가 어떻게 되세요?
   B 스무 살이에요.
4. A 애니 씨와 마이클 씨의 결혼 ○○ 들었어요?
   B 네, 저도 오늘 아침에 들었어요.
5. 요즘 ○○값이 너무 올라서 자동차를 못 탈 것 같아요.

세로 (down) ↓

a. 외국 영화를 볼 때 한국어 ○○이/가 있으면 내용을 잘 이해할 수 있어요.
b. 저는 옷을 살 때 먼저 ○○○(으)로 가격을 알아보고 백화점에 사러 갑니다.
c. A 이건 어느 ○○에서 만든 카메라예요?
   B 한국에서 만든 거예요.
d. A 어떤 자동차를 사고 싶어요?
   B 안전하고 ○○○도 멋있는 차를 사고 싶어요.
e. 커피를 마실 때 ○○○을/를 사용하면 편리하지만 환경에 좋지 않다.
f. 내일 손님이 오시기 때문에 오늘은 집을 깨끗하게 ○○할 거예요.
g. 이 카메라는 다른 것보다 ○○이/가 작고 가벼워서 좋아요.

Grammar Exercise

1 Look at the pictures below and complete the sentences using '-(으)려고 하다'.

1. 대학교 졸업 후에 컴퓨터 회사에 취직하려고 해요.

2. 방학이 되면 중국으로 여행을 ____________.

3. 내일 모임에 갈 때 며칠 전에 산 원피스를 ____________.

4. 수업 후에 학교 식당에 가서 점심을 ____________.

5. 남자 친구에게 줄 케이크를 내가 직접 ____________.

6. 이번 주말에는 집에서 음악을 ____________.

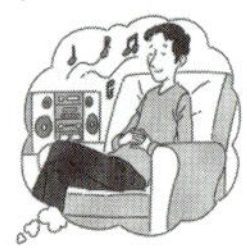

> **Grammar Points**
> '-(으)려고 하다' is added to a verb stem to indicate that someone has intentions or plans to do something.

2 Look at the pictures below and complete the sentences.

1. 요리책을 보면서 케이크를 만들어요.

요리책을 보다

2. ____________ 친구하고 같이 이야기해요.

버스를 기다리다

3. ____________ '김치'라고 말해요.

사진을 찍다

4. ____________ 조깅하는 사람이 많네요.

음악을 듣다

5. ______________ 영화를 봤어요.  울다

> **Grammar Points**
> '-(으)면서' is added to a verb stem to indicate that the two actions in the preceding clause and the following clause happen simultaneously.

3 Look at the pictures below and complete each dialogue.

1. A 배가 고픈데 집에 음식이 없네요.
   B 식당에 가서 먹으면 돼요.

식당에 가서 먹다

2. A 어떻게 하면 한국 친구를 사귈 수 있어요?
   B ______________.

동아리에 가입하다

3. A 한국 역사에 대해서 알고 싶어요.
   B ______________.

이 책을 읽다

4. A 백화점에서 산 옷을 바꾸고 싶어요.
   B ______________.

영수증과 옷을 가지고 가다

5. A 서울대학교에 가려고 하는데 어떻게 가면 돼요?
   B ______________.

3번 출구로 나가서 10분만 걷다

> **Grammar Points**
> When '-(으)면 되다' is added to a verb stem, it means 'to be okay, to be enough, to have no problem if done that way' and is used to suggest a simple and easy solution.

NEW WORDS 조깅하다 to jog 영수증 receipt

4 Choose the most appropriate expressions in the box and complete each dialogue using '-잖아(요)'.

값도 싸고 맛있다		많이 먹으면 살이 찌다
비싸다	재미있고 한국어도 배울 수 있다	한국말을 모르다
무섭다	빠르고 편하다	

1. A 왜 택시를 안 타요?

   B 비싸잖아요 ______________________.

2. A 왜 지하철을 타요?

   B ______________________.

3. A 이 영화 요즘 인기 있는데 왜 안 보려고 해요?

   B ______________________.

4. A 이 케이크 맛있는데 왜 그렇게 조금 먹어요?

   B ______________________.

5. A 한국 드라마를 많이 보시네요.

   B ______________________.

6. A 이 식당은 오늘도 사람이 많네요.

   B ______________________.

Grammar Points

'-잖아(요)' added to an adjective or a verb stem is used to remind others about what they already know.

❺ Look at the pictures below and complete each dialogue using '-(으)려고'.

1. A 왜 한국어를 배워요?

   B 한국 회사에 취직하려고 한국어를 배워요 .

한국 회사에 취직하다

2. A 왜 도서관에 가요?

   B ______________________________ .

책을 빌리다

3. A 왜 택시를 탔어요?

   B ______________________________ .

약속 시간에 늦지 않다

4. A 왜 돈을 모으고 있어요?

   B ______________________________ .

외국에 여행을 가다

5. A 등산화를 새로 샀어요?

   B 네, ______________________________ .

등산 갈 때 신다

6. A 웨이 씨가 텔레비전을 켰어요?

   B 네, ______________________________ .

뉴스를 듣다

Grammar Points

'-(으)려고' is added to a verb stem and means 'in order to'.
This denotes 'with an intention or plan to do a certain action'.

Comprehensive Exercise

1 Choose the appropriate honorific word in the box and complete the sentences.

계시다	께	드리다	드시다	말씀하시다	생신	성함

우리 아버지는 지난달에 브라질로 출장을 가셨어요. 그래서 지금 브라질에 1. 계세요 . 오늘은 아버지 2. ________ (이)라서 저는 아버지3. ________ 전화를 했어요. 아버지는 브라질에 있는 한국 식당에서 한국 음식을 4. ________ 고 계셨어요. 아버지는 가족들이 보고 싶다고 5. ________ 았/었어요. 다음 주 금요일에 아버지가 한국에 돌아오시면 아버지께 선물을 6. ________ (으)ㄹ 거예요.

2 Circle the correct one.

1. 불고기를 만들러 / 만들려고 소고기를 샀어요.
2. 미사코 씨, 토요일에 시간이 있으면 우리 집에 놀러 / 놀려고 오세요.
3. 어머니께 드리러 / 드리려고 케이크를 만들었어요.
4. 다음 주에 시험을 보니까 공부하러 / 공부하려고 도서관에 가자.
5. 호텔 예약을 확인하러 / 확인하려고 전화했습니다.
6. 가을에는 단풍이 아름다우니까 산에 단풍 구경하러 / 구경하려고 가세요.

3 Circle the correct one.

1. A 이 약을 언제 먹어야 됩니까?
   B 식사하고 30분 후에 드시면 / 드셔도 됩니다.

2. A 이번 주에 만날 수 있어요?
   B 미안해요. 러시아로 출장을 가면 / 가야 돼서 못 만날 것 같아요.

3. A 크리스 씨, 고향에는 언제 돌아가요?
   B 다음 달에 돌아가려고 해요. 그래서 비행기 표를 빨리 예약해야 / 예약하면 돼요.

4. A 여기에 주차해도 될까요?
   B 죄송합니다. 여기에 주차하셔도 / 주차하시면 안 됩니다.

5. A 엄마, 저 숙제 다 했는데 친구 집에 놀러 가도 / 가야 돼요?
   B 그래. 그렇지만 6시 전에 들어와야 돼.

4 Look at the table below and complete the sentences using '-(으)려고 하다'.

나의 인생 계획	
내년	대학교 졸업, 취직
27~29살	회사 근무, 저금
30살	유학 (경영학 전공)
34살	귀국
35살	결혼

나는 올해 26살. 내년에는 27살이 된다. 내년에 나는 대학교를 졸업하고 자동차 회사에 1. 취직하려고 한다 . 그리고 3년 정도 회사에 다니면서 돈을 많이 2. ____________ . 그리고 30살이 되면 회사를 그만두고 외국으로 3. ____________ . 대학원에 입학해서 경영학을 4. ____________ . 34살쯤에는 공부를 끝내고 한국으로 5. ____________ . 그리고 35살에는 좋은 사람을 만나서 7. ____________ . 내 인생이 계획처럼 될 수 있을까?

NEW WORDS: 인생 life　저금 savings　귀국 returning home from abroad

5 **Are speakers positive or negative about online shopping? Read the following and fill in the table as shown in the example.**

① 여러 물건의 가격을 집에서 편하게 비교하고 살 수 있잖아.

② 색깔이나 품질을 직접 눈으로 확인할 수 없잖아. 사진만 보고 사는 건 좀 위험한 것 같아.

③ 마음에 드는 물건을 찾으려고 여러 가게를 돌아다니면 다리도 아프고 귀찮은데 인터넷 쇼핑을 하면 앉아서 여러 가게의 물건을 쉽게 구경할 수 있어요.

④ 주문한 옷을 받았는데 안 맞아서 바꾸고 싶으면 어떻게 해요? 다시 보내야 돼서 시간이 많이 걸리잖아요.

⑤ 하루 24시간 언제나 클릭만으로 쇼핑을 쉽게 끝낼 수 있어서 저처럼 바쁜 사람들에게는 정말 편리해요.

⑥ 물건을 사러 직접 가지 않으니까 쇼핑 시간을 절약할 수 있어요.

좋은 점	나쁜 점
①	

NEW WORDS 위험하다 dangerous 클릭 click

6 Mark the checklist below about your digital life.

디지털 생활 테스트

	네	아니요
1. 모르는 것이 있을 때 인터넷에서 찾습니까?	☐	☐
2. 인터넷 쇼핑을 합니까?	☐	☐
3. 컴퓨터나 스마트폰으로 전자책을 읽습니까?	☐	☐
4. 핸드폰으로 문자 메시지를 자주 보냅니까?	☐	☐
5. 인터넷 채팅을 자주 합니까?	☐	☐
6. 블로그에 직접 글을 씁니까? BLOG	☐	☐
7. 트위터나 페이스북을 자주 이용합니까?	☐	☐
8. 인터넷으로 동영상을 봅니까?	☐	☐
9. 컴퓨터나 MP3로 음악을 듣습니까? MP3	☐	☐
10. 내비게이션으로 길을 찾습니까?	☐	☐

'네'가 몇 개예요?

8~10개 지금처럼 디지털 기기를 이용해서 편리한 생활을 하세요.

4~7개 재미있고 편리한 디지털 기기가 많이 있으니까 더 이용해 보세요.

0~3개 아직 디지털 기기 사용이 어렵습니까? 어렵다고 생각하지 말고 천천히 배워 보세요.

NEW WORDS

블로그 blog	트위터 twitter	페이스북 facebook
동영상 video	내비게이션 navigation	기기 equipment

7 Read the following and answer the questions.

집안일 하는 남자의 블로그

'오성 스타일러' 뭐 할 때 쓰는 물건이야?

전자 제품 2013/04/01

어제 TV에서 '오성 스타일러' 광고를 봤다. 냉장고처럼 보이는데 냉장고가 아니고 '스타일러'라고 한다. '스타일러'가 뭐야? 나처럼 궁금한 사람들이 많을 것이다. 그래서 오성전자 사이트에 들어가서 '스타일러'에 대해서 알아봤다.

어제 입은 정장을 오늘 다시 입으면 모양도 예쁘지 않고 냄새도 난다. 그럴 때 필요한 물건이 바로 이것! '스타일러'는 간단히 말하면 '옷 관리 기계'이다. 매일 다림질할 수 없는 셔츠와 바지, 자주 세탁할 수 없는 스웨터, 목도리 등을 이 '스타일러'에 넣으면 나쁜 냄새와 주름이 없어지고 새 옷처럼 깨끗해진다.

사용 방법은 어렵지 않다. 세탁기를 사용할 줄 아는 사람은 '스타일러'도 쉽게 사용할 수 있다. 옷 종류와 관리 코스를 고르고 버튼만 누르면 된다. 시간은 30분에서 1시간쯤 걸린다. 관리 코스가 끝나면 옷을 꺼내서 바로 입을 수 있다.

'스타일러'는 그냥 보면 옷장이나 냉장고, 에어컨처럼 보인다. 색깔은 까만색, 갈색, 하얀색 세 가지가 있는데 하얀색이 제일 인기가 많다고 한다. 예뻐서 방이나 거실에 놓으면 다른 가구와 잘 어울릴 것 같다.

이렇게 편리한 제품이 값도 싸면 참 좋을 것이다. 그렇지만 내 생각에는 아직 이 제품을 누구나 사서 쓸 수는 없을 것 같다. 오성전자에서 좀 더 싼 제품을 만들 거라고 하니까 사고 싶은 사람들은 지금 사지 말고 좀 더 기다리는 게 좋을 것 같다.

1. '스타일러'에 대해서 알 수 <u>없는</u> 것을 고르세요.

   ① 싸게 파는 곳 ② 디자인과 색깔 ③ 기능과 사용 방법

2. 맞는 것을 고르세요.

   ① '스타일러'에 옷을 넣으면 옷의 주름이 없어진다.

   ② '스타일러'는 값도 싸고 편리해서 요즘 인기가 많다.

   ③ 위 글을 쓴 사람은 '스타일러'를 사용해 보고 글을 썼다.

NEW WORDS

모양 shape	냄새 smell	관리 management	기계 machine
다림질하다 to iron	스웨터 sweater	주름 wrinkle	코스 course
버튼 button	누르다 to press		

8 **A man is talking about his digital camera, the Miracle100. What kind of camera is it? Listen carefully and check the appropriate boxes below.** 5

☐ 무겁다   ☐ 화질이 좋다   ☐ 디자인이 예쁘다   ☐ 값이 싸다

9 **Listen carefully and choose the correct answer.** 6

1. 대화 후에 두 사람은 무엇을 하려고 합니까?
   ① 운전을 배우러 갈 것이다.
   ② 인터넷으로 채팅을 할 것이다.
   ③ 문화 센터에 등록하러 갈 것이다.

2. 맞는 것을 고르세요.
   ① 여자는 인터넷을 사용해서 이메일을 보낼 줄 안다.
   ② 여자는 전에 운전 학원에서 운전을 배운 적이 있다.
   ③ 남자는 요즘 문화 센터에서 컴퓨터를 가르치는 일을 하고 있다.

10 **Listen carefully and answer the questions.** 7

1. 두 사람은 지금 무엇을 하고 있습니까?

①

②

③

2. 맞으면 O, 틀리면 X 하세요.
   ① 여자는 전자 제품을 파는 일을 하고 있다. (   )
   ② 요즘 로봇 청소기를 사는 사람이 많아졌다. (   )
   ③ 남자는 전에 로봇 청소기를 사용해 본 적이 있다. (   )

NEW WORDS 대화 dialogue   문화 센터 culture center   등록하다 to register

UNIT 3

사건, 사고 Incidents and Accidents

Vocabulary Exercise

① Connect the phrase on the left with the appropriate verb.

1.  사고가 • • ① 닫다

2.  머리를 • • ② 닦다

3.  도둑을 • • ③ 감다

4.  이를 • • ④ 맞다

5. 

문을 • • ⑤ 나다

2 Fill in the blanks with the correct word.

숫자	거짓말	취소	공중	검사	달력	시속

1. A 중국 사람은 무슨 __________ 을/를 좋아해요?

   B 보통 8을 제일 좋아한다고 해요.

2. A 친구가 만나자고 했는데 귀찮아서 아프다고 했어.

   B 뭐? 그렇게 __________ 을/를 하면 어떻게 해?

3. A 요즘 자꾸 피곤하고 귀에서 이상한 소리가 나요.

   B 그래요? 그럼 병원에 가서 __________ 을/를 한번 받아 보지 그래요?

4. A 지난번에 비행기 표를 예약했는데 못 갈 것 같아요.
   __________ 을/를 할 수 있을까요?

   B 네, 성함을 말씀해 주시겠어요?

5. A 다음 주 수요일이 며칠이야?

   B 잠깐만 기다려 봐. __________ 을/를 좀 볼게.

6. A 저 차 좀 보세요. 정말 빠르네요.

   B 네, __________ 200km는 되는 것 같은데요.
   저렇게 빨리 운전하면 위험한데…….

3 Choose the appropriate words from the box and complete the sentences. If necessary, change the form of words.

사거리	치료	신호	일어나다	받다	당하다	서다

아침 출근길에 서울역 1. __________ 에서 교통사고가 2. __________ 았/었습니다. 오전 7시 10분쯤에 빨간색 3. __________ 을/를 못 본 뒤차가 앞차를 4. __________ 았/었습니다. 사고를 5. __________ (으)ㄴ 앞차에는 가족 네 명이 타고 있었는데 그중에서 세 명이 크게 다쳤습니다. 다친 사람들은 가까운 병원에서 6. __________ 을/를 받고 있습니다.

4 Circle the correct one.

A 김 대리, 왜 이렇게 늦었어? 오늘 아침에 회의 있었잖아.

B 회사에 일찍 왔는데 보고서를 안 가지고 와서 다시 집에 갔어. 그리고 다시 회사에 오는데 앞에서 큰 사고가 나서 길이 너무 막혔어.

A 서울역 앞에서 난 사고? 나도 1. 거꾸로 / 아까 뉴스에서 봤어.

B 늦어서 회의에도 못 가고, 부장님께 보고서도 못 드리고……. 모든 게 2. 엉망이야 / 고장이야 .

A 그렇게 나쁘게 생각하지 마. 사고를 안 당했으니까 정말 3. 다행이잖아 / 걱정이잖아 .

B 부장님이 화 많이 나셨지? 부장님께 죄송하다고 메일을 쓸까?

A 메일을 보내지 말고 부장님께 4. 직접 / 항상 가서 잘 말씀드리는 게 좋을 것 같아.

NEW WORDS 출근길 on the way to work 뒤차 car behind 앞차 car ahead

Grammar Exercise

1 Change the followings using '~대(요)'.

1. "내일은 쉬는 날이라서 회사에 안 가요."

   → 내일은 쉬는 날이라서 회사에 안 간대요 .

2. "동생이 전화를 안 받아요."

   → ....

3. "한국 사람들은 설날에 한복을 입어요."

   → ....

4. "왕양 씨는 학원에서 중국어를 가르쳐요."

   → ....

5. "다나카 씨는 한국 가수의 노래를 자주 들어요."

   → ....

6. "일본에 여행 갔을 때 만난 친구한테 편지를 써요.

   → ....

7. "마이클 씨 전화번호를 제인 씨가 알아요."

   → ....

8. "수지 씨는 다리를 다쳐서 못 걸어요."

   → ....

9. "미나 씨는 맛있는 과일을 잘 골라요."

   → ....

Grammar Points

'~대(요)' is used to deliver or ask what is heard from another person and is short for '~다고 해(요)'.

- verb stems ending with a vowel + -ㄴ대(요)
- verb stems ending with a consonant + -는대(요)

② Change the followings using '~대(요)'.

1. "여자 친구가 자꾸 전화해서 귀찮아."
   → 여자 친구가 자꾸 전화해서 귀찮대요 .
2. "지도가 너무 복잡해."
   → .
3. "미나 씨 노트북은 정말 얇아요."
   → .
4. "베이징은 날씨가 흐려요."
   → .
5. "술은 건강에 나빠요."
   → .
6. "국이 너무 뜨거워."
   → .
7. "한국 드라마는 말이 너무 빨라요."
   → .
8. "눈이 와서 밖이 모두 하얘요."
   → .

Grammar Points

'~대(요)' is used to deliver or ask what is heard from another person and is short for '~다고 해(요)'.

- adjective stem + −대(요)

③ Change the followings using '~대(요)'.

1. "어제 친구를 만나서 늦게까지 이야기했어요."
   → .
2. "설악산에 아직 못 가 봤어요."
   → .
3. "신발이 너무 작아서 불편했어요."
   → .
4. "어제 파티는 정말 재미있었어요."
   → .

Grammar Points

When the sentence being quoted is in the past tense, '−았/었대(요)' is added to the stem of the verb or adjective.

- verb or adjective stems + −았/었대(요)

4 **Choose the appropriate verbs from the box and complete the sentences using '–아/어 있다'.**

입원하다	눕다	놓이다	걸리다	닫히다	열리다	앉다	서다

여기는 병원이에요. 재민 씨가 다리를 다쳐서 병원에 1. 입원해 있어요. 재민 씨의 침대는 병실 문 옆에 2. ________ 아/어요. 침대 위에 재민 씨가 3. ________ 아/어요. 병실 문은 4. ________ 아/어요. 침대 옆에 테이블이 5. ________ 고, 테이블 위에 약과 물이 6. ________ 아/어요. 벽에는 꽃 그림이 7. ________ 고, 창문은 8. ________ 아/어요. 침대 옆에 있는 의자에는 재민 씨의 누나가 9. ________ 아/어요. 재민 씨를 만나러 병원에 간 마이클 씨는 침대 옆에 10. ________ 아/어요.

NEW WORDS

병실 ward / patient's room
테이블 table

Grammar Points

'–아/어 있다' is added to a verb stem to show that the result of the last action continues until present.

5 **What do you usually do first between the two below? Write your own number and complete each dialogue using '-고 나서'.**

1. A 아침에 뭘 먼저 해요?

   B 이를 닦고 나서 세수해요.

세수하다 [2]

이를 닦다 [1]

2. A 외국 출장 가면 누구한테 먼저 전화해요?

   B ______________.

어머니 [ ]

여자 친구 [ ]

3. A 옷을 입을 때 뭘 먼저 입어요?

   B ______________.

바지 [ ]

셔츠 [ ]

4. A 어려운 숙제하고 쉬운 숙제가 있으면 뭘 먼저 해요?

   B ______________.

어려운 숙제 [ ]

쉬운 숙제 [ ]

5. A 집에 가면 뭘 먼저 해요?

   B ______________.

숙제 [ ]

컴퓨터 [ ]

6. A 좋은 소식하고 나쁜 소식이 있는데 어느 것을 먼저 듣고 싶어요?

   B ______________.

좋은 소식 [ ]

나쁜 소식 [ ]

Grammar Points

'-고 나서' is added to a verb stem to express that after one action, another action or situation occurs.

6 Complete each dialogue as shown in the example.

1. A 회의가 몇 시인지 아세요 ? (회의, 몇 시)

   B 네, 오후 2시예요.

2. A ________________ ? (미나 씨, 어디)

   B 응, 신림동에 살아.

3. A ________________ ? (이 선생님, 무슨 꽃)

   B 응, 이 선생님은 장미꽃을 좋아하셔.

4. A ________________ ? (재민 씨, 어디)

   B 응, 재민 씨는 전에 한국컴퓨터에서 일했어.

5. A ________________ ? (10월 9일, 무슨 날)

   B 네, 10월 9일은 한글날입니다.

6. A 이 식당에서 ________________ ? (뭐, 맛있다)

   B 불고기가 제일 맛있어요.

Grammar Points

'~지 알다/모르다' added to a question word is used to ask or answer whether or not one knows about something.

- adjective stems ending with a vowel + -ㄴ지 알다/모르다
- adjective stems ending with a consonant + -은지 알다/모르다
- verb stems + -는지 알다/모르다
- noun + -인지 알다/모르다

For the past tense, '-았/었는지 알다/모르다' is used.

Comprehensive Exercise

1 Look at the pictures and circle the correct one.

1. 소포 안에 책이 (들고 / 들어) 있어요.

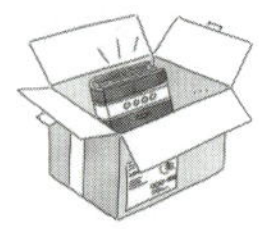

2. 민수는 안경을 (쓰고 / 써) 있어요.

3. 미나 씨가 의자에 (앉고 / 앉아) 있어요.

4. 다나카가 꽃을 (들고 / 들어) 있어요.

5. 제인 씨가 음식을 (만들고 / 만들어) 있어요.

6. 아이가 문을 (열고 / 열어) 있어요.

7. 방문이 (열리고 / 열려) 있어요.

8. 책상 위에 사진이 (놓이고 / 놓여) 있어요.

9. 수지 씨가 사진을 책상 위에 (놓고 / 놓아) 있어요.

10. 마이클 씨가 지하철에서 (서고 / 서) 있어요.

2 Change the followings using '~대(요)'.

1. 애니 씨는 중국어를 할 수 있어요.

   → 애니 씨는 중국어를 할 수 있대요 ______________________.

2. 재민 씨하고 수미 씨는 정말 잘 어울려요.

   → ______________________.

3. 여기에서 사진을 찍으면 안 돼요.

   → ______________________.

4. 옛날보다 길이 많이 복잡해졌어요.

   → ______________________.

5. 수지 씨는 기타를 칠 줄 알아요.

   → ______________________.

6. 제주도에 꼭 가 보고 싶어요.

   → ______________________.

7. 약속 시간을 못 지켜서 정말 죄송합니다.

   → ______________________.

8. 내일 시험이 있어서 동생이 많이 걱정해요.

   → ______________________.

9. 그건 민수 씨 말이 맞아요.

   → ______________________.

10. 내일 회의는 오후 두 시예요.

    → ______________________.

11. 저분이 김 부장님이세요.

    → ______________________.

12. 다나카 씨 부모님은 지금 한국에 계세요.

    → ______________________.

❸ Complete each dialogue as shown in the example.

1. 

2시간 30분

A 한국 사람이 하루에 텔레비전을 몇 시간
보는지 아세요 ? (보다)

B 글쎄요. 잘 모르겠는데요.

A 하루에 텔레비전을 2시간 30분 본대요 .

2. 

3번

A 한국 사람이 1년에 극장에
몇 번 ______________ ? (가다)

B 글쎄요. 잘 모르겠는데요.

A 1년에 극장에 ______________ .

3. 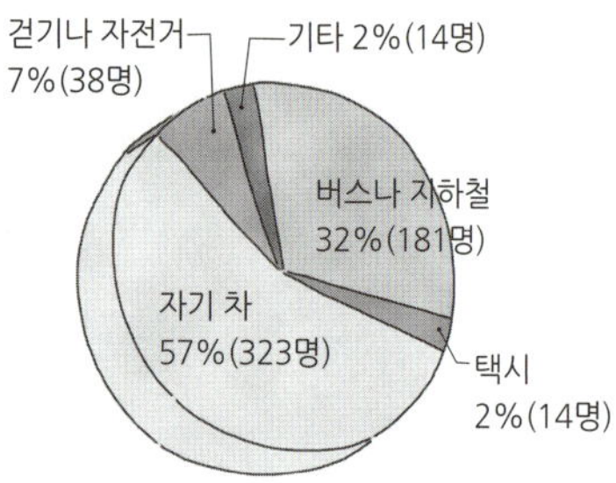

A 한국 사람이 출퇴근할 때 뭘 제일 많이
______________ ? (타고 가다)

B 글쎄요. 잘 모르겠는데요.

A ______________ .

4. 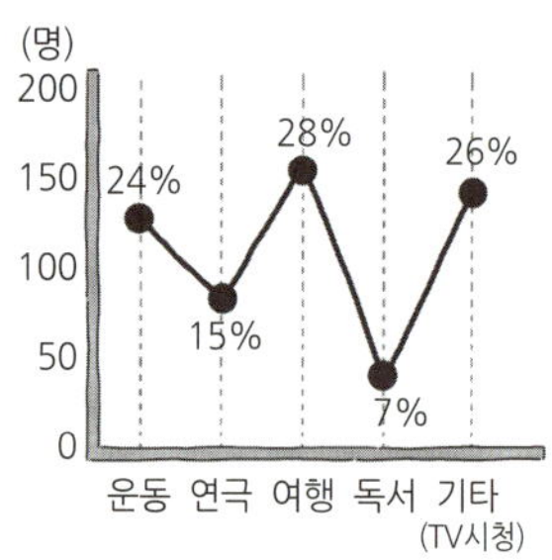

A 한국 사람은 시간이 있을 때 뭘 제일 많이
______________ ? (하다)

B 글쎄요. 잘 모르겠는데요.

A ______________ .

5. 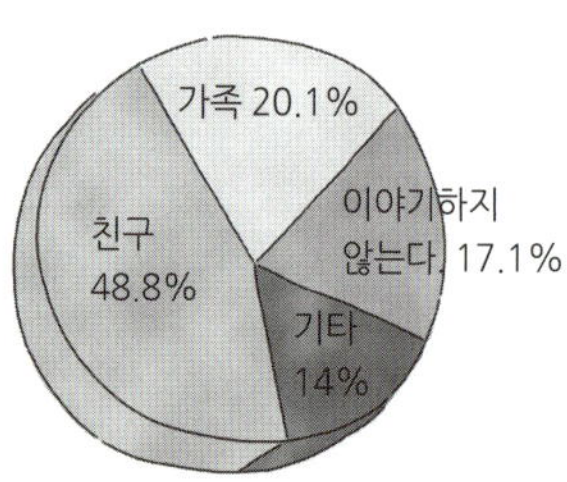

A 한국의 학생들은 고민이 있을 때 누구하고
제일 많이 ______________ ? (이야기하다)

B 글쎄요. 잘 모르겠는데요.

A ______________ .

4 Read the following and complete each dialogue using '~대(요)'.

1.

수영복 세일

- 우리백화점 2층
- 금요일 오전 10시 ~ 일요일 오후 8시
- 수영복 한 벌 사시면 한 벌이 공짜
- 늦게 오시면 물건이 없습니다!

빨리 빨리 오세요.

A 우리백화점에서 수영복을 ① 세일한대요 .

B 그래요? 언제부터 ② ____________ ?

A 금요일부터 일요일까지 ③ ____________ .

늦게 오면 물건이 ④ ____________ .

B 그럼 우리 지금 빨리 가 봐요.

2.

알립니다

- 맛나식당이 새 건물로 옮깁니다.
- 7월 1일, 새 건물에서 다시 문을 엽니다.
- 서울병원 옆, 하나빌딩 1층
- 7월 1일에는 음식을 반값에 드립니다!

각종 모임, 회사 회식도 맛나식당에서

A 맛나식당이 새 건물로 ① ____________ .

B 그래요? 언제 다시 문을 ② ____________ ?

A 7월 1일에 ③ ____________ .

그리고 7월 1일에 가면 음식을 반값에 ④ ____________ .

B 그럼 회식을 맛나식당에서 할까요?

NEW WORDS: 반값 half price

3\. 어제 오후 2시쯤 서울역에서 택시를 탄 김재수 씨가 돈 1,000만 원이 든 가방을 택시에 놓고 내렸다. 김재수 씨는 경찰에 신고했지만 찾을 수 없을 것이라고 생각했다. 그런데 택시 기사 장민수 씨는 손님의 돈 가방을 보고 나서 경찰에 신고했고 김재수 씨는 돈을 다시 찾을 수 있었다. 김재수 씨는 고맙다고 하면서 100만 원을 주려고 했지만 장민수 씨는 받지 않고 돌아갔다.

⬇

A 어제 어떤 사람이 택시에 돈 1,000만 원이 든 가방을 ① ______________.

B 정말요? 경찰에 ② ______________?

A 네, 신고를 했지만 돈을 다시 찾을 수 없을 거라고 ③ ______________.

B 그럼 돈을 ④ ______________?

A 아니요, 택시 기사가 돈 가방을 보고 경찰에 신고해서 돈을 다시 ⑤ ______________.

B 정말 잘됐네요.

A 돈을 잃어버린 사람이 고맙다고 하면서 100만 원을 주었지만 택시 기사는 ⑥ ______________.

NEW WORDS | 택시 기사 taxi driver | 신고하다 to report | 어떤 certain

5 Read the following and check if she conveys the contents of the newspaper exactly.

토비 도슨은 미국의 스키 선수이다. 토비 도슨은 한국에서 태어났지만 어렸을 때 시장에서 어머니를 잃어버리고 고아가 되었다. 그 후 토비 도슨은 미국으로 입양되었고 스키를 배워서 스키 선수가 되었다. 미국 스키 국가 대표가 된 토비 도슨의 이야기는 한국과 미국의 뉴스에 나오게 되었고 드디어 그는 한국에서 버스를 운전하는 아버지 김재수 씨를 만났다. 아버지를 만난 토비 도슨은 자기의 진짜 이름이 김수철이고, 자기를 잃어버리고 나서 아버지와 어머니가 이혼한 것도 알게 되었다. 토비 도슨은 슬프지만 부모님을 이해할 수 있다고 했다. 한국 가족을 만난 토비 도슨은 자기의 미국 여자 친구와 한국에서 전통 결혼식을 했다.

1. 토비 도슨은 한국에서 스키 선수가 됐대요. ☐
2. 토비 도슨은 한국 어머니를 만났대요. ☐
3. 토비 도슨의 한국 아버지는 버스를 운전하신대요. ☐
4. 토비 도슨은 놀이공원에서 어머니를 잃어버렸대요. ☐
5. 토비 도슨은 한국 여자하고 결혼했대요. ☐
6. 토비 도슨의 한국 부모님은 이혼하셨대요. ☐

NEW WORDS

고아 orphan　입양되다 to be adopted　국가 대표 member of the national team
이혼하다 to divorce　전통 tradition

6 Read the following and complete each dialogue as shown in the example.

소비자, 입소문을 제일 많이 믿어

소비자는 다른 사람들이 물건을 써 보고 이야기하는 입소문을 제일 많이 믿는다는 결과가 나왔다. 서울에 사는 사람 500명에게 물건을 살 때 무엇을 제일 많이 믿고 사는지 물어본 이번 조사에서 92%의 사람이 입소문을 제일 많이 믿는다고 대답했다. 그 다음으로 그 제품의 홈페이지 광고를 믿는 사람이 53%였고, 텔레비전이나 신문의 광고를 믿는 사람은 31%였다. 텔레비전이나 신문의 광고를 믿는 사람들은 2년 전보다 많이 적었다.

1.

A 소비자들은 그 물건을 써 본 사람들의 입소문을 제일 많이 ① 믿는다고 합니다.

B 그래요? 누구한테 조사한 것입니까?

A 서울에 사는 사람 500명에게 ② ________.

B 그럼 그 다음으로 뭘 많이 ③ ________?

A 그 제품의 홈페이지 광고를 ④ ________.

B 신문이나 라디오의 광고는 어떻습니까?

A 텔레비전이나 신문의 광고를 믿는 사람들은 2년 전보다 ⑤ ________.

B 그럼 우리도 우리 회사 물건의 입소문을 좋게 만들 수 있는 방법을 찾아야 할 것 같습니다.

2.

A 사람들은 물건을 살 때 다른 사람들의 입소문을 제일 많이 ① 믿는대요.

B 그래요? 정말 재미있는 조사네요. 누구한테 ② ________?

A 서울에 사는 사람 500명한테 ③ ________.

B 그럼 그 다음으로 뭘 많이 ④ ________?

A 그 제품의 홈페이지 광고를 ⑤ ________. 그리고 텔레비전이나 신문의 광고를 믿는 사람은 2년 전보다 ⑥ ________.

B 그래요? 나도 사고 싶은 냉장고가 있는데 입소문이 어떻게 났는지 알아보는 게 좋겠네요.

NEW WORDS 입소문 word of mouth 적다 few / little 소문이 나다 to be talked about

7 **How much do you love him or her? Mark the checklist and check how deep your love is.**

♥ 그 사람을 얼마나 사랑하는지 확인해 보세요! ♥	네, 알아요.	아니요, 잘 모르겠는데요.
1. 그 사람을 처음 만난 장소가 어디인지 알아요?	□	□
2. 처음 만났을 때 그 사람이 무슨 옷을 입고 있었는지 알아요?	□	□
3. 그 사람이 무슨 색깔을 좋아하는지 알아요?	□	□
4. 그 사람을 처음 만난 날이 언제인지 알아요?	□	□
5. 그 사람이 처음 준 선물이 무엇인지 알아요?	□	□
6. 그 사람이 제일 좋아하는 가수가 누구인지 알아요?	□	□
7. 그 사람하고 제일 친한 친구 이름이 무엇인지 알아요?	□	□
8. 그 사람의 혈액형이 무엇인지 알아요?	□	□
9. 그 사람의 전화번호가 몇 번인지 알아요?	□	□
10. 그 사람이 제일 아끼는 물건이 무엇인지 알아요?	□	□

알아요 ☑

8~10개 그 사람에 대해 많은 것을 알고 있네요. 그 사람을 정말 많이 사랑하는 것 같아요.

5~7개 그 사람에게 좀 더 관심을 보여 주세요. 그러면 그 사람과 좀 더 가까워질 거예요.

0~4개 아직 그 사람에 대해서 잘 모르는 것 같아요. 그 사람이 정말 좋으면 서로 더 많이 알려고 노력해 보세요.

NEW WORDS 혈액형 blood type

8 Listen carefully and choose the corresponding picture.

①  ② 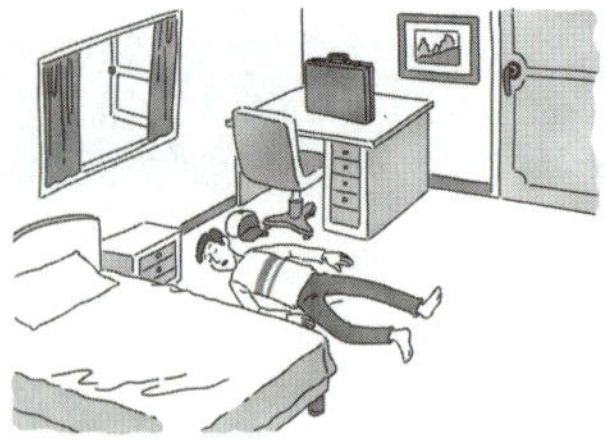 ③ 

9 Listen carefully and choose the correct answer.

1. ① 재민 씨의 친구가 교통사고가 났다.
   ② 재민 씨의 차가 앞에 가는 사람을 받았다.
   ③ 교통사고가 났지만 병원에는 가지 않았다.

2. ① 친구의 가방을 찾을 수 있을 것 같다.
   ② 친구의 가방을 어디에 두었는지 모른다.
   ③ 친구의 가방에는 노트북하고 우산이 들어 있다.

3. ① 여자는 아직 버스표를 사지 않았다.
   ② 여자는 지금 기차를 타고 가고 있다.
   ③ 여자는 점심을 먹고 나서 다시 전화하려고 한다.

10 Listen carefully and choose the correct answer. 10

1. 남자의 지갑에는 지금 무슨 사진이 들어 있습니까?

① 

② 

③ 

2. 이 실험에 대한 내용으로 맞는 것을 고르세요.

① 돈과 강아지 사진이 들어 있는 지갑을 길 위에 놓았다.

② 사람들이 지갑에 어떤 사진을 많이 가지고 다니는지 비교했다.

③ 사람들은 아기 사진이 들어 있는 지갑을 제일 많이 찾아 주었다.

NEW WORDS 실험 experiment 강아지 puppy

UNIT 4 꿈과 현실 Dream and Reality

Vocabulary Exercise

1 Fill in the blanks with the correct word.

사인	미역국	생방송	왕	시골

1. A 어제 경복궁에 갔다 왔어요?

   B 네, 거기에서 옛날 __________ 의 옷을 봤는데 정말 멋있었어요.

2. A 저기 영화배우 이동진 씨가 있어요. 사람들이 __________ 을/를 받고 있네요.

   B 우리도 가서 받을까요?

3. A 텔레비전에서 축구 경기를 하네요. 지금 하는 거예요?

   B 네, __________ 이에요/예요.

4. A 나중에 회사를 그만두면 __________ 에서 살고 싶어요.

   B 저도 복잡한 도시를 떠나고 싶을 때가 가끔 있어요.

5. A 마이클 씨, 생일 축하해요! 한국 사람들은 생일에 __________ 을/를 먹는데 마이클 씨도 __________ 을/를 먹었어요?

   B 아니요, 아직 못 먹었어요. 지영 씨가 좀 사 주세요.

② Connect the verbs on the left with the corresponding pictures.

1. 줍다 • • ①

2. 넣다 • • ②

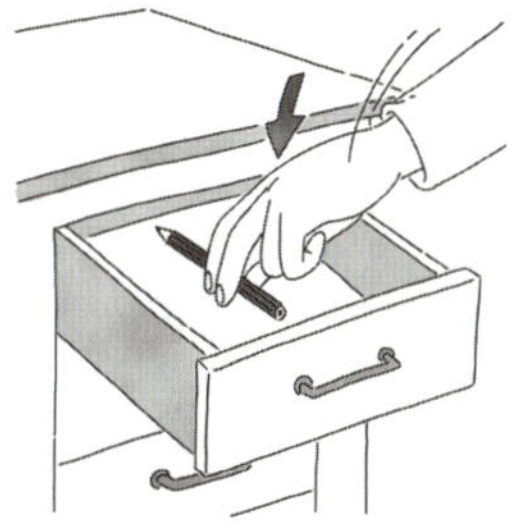

3. 깨우다 • • ③

4. 떨리다 • • ④

5. 데이트하다 • • ⑤

3 **Complete the following dialogues. Use the words from the box and change the form as needed.**

창피하다	꼼꼼하다	아깝다	간단하다	멋지다	대단하다

1. A 그 뉴스 봤어요? 70살 할아버지가 에베레스트에 올라갔대요.

   B 와! 대단하네요 .

2. A 불고기를 집에서 만들어 보고 싶은데 어려울까요?

   B 아니요, 아주 ________ 아/어요. 제가 가르쳐 줄게요.

3. A 저기 버스가 출발하려고 해요. 빨리 가요.

   B 벌써 출발했네요. 탈 수 있었는데 정말 ________ 아/어요.

4. A 어제 계단에서 넘어졌는데 사람들이 나를 보고 웃어서 정말 ________ 았/었어.

   B 다친 곳은 없어? 다음부터 조심해.

5. A 여보, 이 집 좀 봐. 영화에 나오는 집처럼 정말 예쁘다!

   B 응, 우리도 나중에 이렇게 ________ (으)ㄴ 집에서 살자.

Grammar Exercise

1 Choose the appropriate expression from the box and make sentences as shown in the example.

빨리 겨울이 오다	아이가 좋아하다	비가 안 오다
부모님이 옆에 계시다	문제가 쉽다	수업이 빨리 끝나다

1. 

저는 아직 눈을 본 적이 없어요.

빨리 겨울이 왔으면 좋겠어요 .

2. 

딸에게 주려고 인형을 하나 샀어요.

________________________ .

3. 

너무 배가 고파요.

________________________ .

4. 

내일 친구들과 등산을 가려고 해요.

________________________ .

5. 

한국에 혼자 있으니까 외로워요.

________________________ .

6. 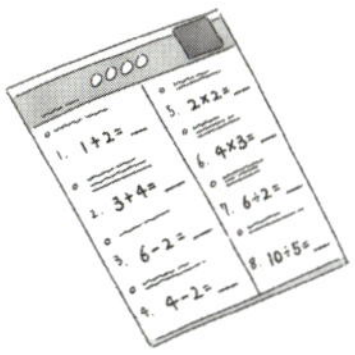

다음 주에 중요한 시험이 있어요.

________________________ .

NEW WORDS 인형 doll

Grammar Points

'-았/었으면 좋겠다' is used to express desire of what the speaker assumes.

❷ Complete each dialogue using the '얼마나 –(으)ㄴ/는데(요)'.

1.  많다

A 요즘 많이 바빠요?

B 네, 회사에 일이 얼마나 많은데요.

2.  빠르다

A 벌써 부산에 도착했어요?

B 네, KTX가 ______________.

3.  춥다

A 바다에서 수영해도 돼요?

B 아니요, 요즘 날씨가 ______________.

4.  재미있다

A 이 영화를 또 봐요?

B 네, ______________. 재민 씨도 같이 봐요.

5.  잘 만들다

A 크리스 씨가 떡볶이를 만들 줄 알아요?

B 그럼요. 제가 떡볶이를 ______________.

6.  많이 왔다

A 어젯밤에 비가 많이 왔어요?

B 네, 비가 ______________.

7.  귀여웠다

A 이 아이가 정말 마이클 씨예요?

B 그럼요. 제가 어렸을 때 ______________.

Grammar Points

'얼마나 –(으)ㄴ데(요)', '얼마나 –는데(요)' are used to emphasize the intensity of an action or that of a status. Generally, verbs are often used with adverbs that show the intensity, such as '잘' or '많이'.

- adjective stems ending with a vowel + –ㄴ데(요)
- adjective stems ending with a consonant + –은데(요)
- verb stem + –는데(요)

❸ Look at the pictures below and complete the sentences using '~다면서(요)?'.

재민 씨는 내일 학교에 못 와요.

요즘 요가가 유행하고 있습니다.

한국 사람들은 생일에 미역국을 먹는다.

피곤할 때 초콜릿을 먹으면 좋다.

어제 서울백화점에 큰불이 났습니다.

1. 친구한테 들었는데 재민 씨는 내일 학교에 못 온다면서요 ?
2. 뉴스에서 봤는데 ________________ ?
3. 책에서 읽었는데 ________________ ?
4. 인터넷에서 봤는데 ________________ ?
5. 라디오에서 들었는데 ________________ ?

Grammar Points

'~다면서(요)?' is used when asking to confirm something that is heard and known from someone else.

NEW WORDS 초콜릿 chocolate 큰불 conflagration

❹ Look at the pictures below and complete each dialogue.

1. A 이 구두가 80만 원이야.

   B 와! 정말 비싸다 .

2. A 이 책 정말 ____________ .

   B 그럼 다 읽고 나서 빌려줘.

3. A 학교에서 우리 집까지 2시간 걸려.

   B 2시간? 너무 ____________ .

4. A 너 그림 잘 ____________ .

   B 고마워.

5. A 여기가 민수 집이야.

   B 와! 민수는 정말 멋진 집에서 ____________ .

6. A 저 여자 가방 좀 봐. 나하고 같은 ____________ .

   B 그러네.

7. A 벌써 ____________ .

   B 그래? 그럼 이것만 끝내고 집에 가자.

Grammar Points

'-다', '-ㄴ다/는다', '-(이)다' are used to exclaim in spoken language.
The form is same as that is used in stating sentences.

5 Choose the appropriate expression from the box make sentences as shown in the example.

영화배우처럼 멋있다	50년 전으로 돌아가다	
첫 월급을 받다	돈을 많이 벌다	내 생일이다

제가 취직해서 1. 첫 월급을 받는다면
부모님께 멋진 선물을 사 드리고 싶어요.

내가 2. ....
여자들한테 인기가 많을까?

오늘이 3. ....
큰 인형을 선물 받고 싶어요.

여보, 내가 4. ....
당신에게 꼭 멋진 집을 사 줄게.

5. ....
당신하고 절대로 결혼 안 할 거예요.

Grammar Points

'-다면', '-ㄴ/는다면', '-(이)라면' are used to express unrealistic situations as conditions. They can be used with '만약(에)' or '만일(에)'.

❻ Look at the pictures below and complete each dialogue using '-(으)ㄹ래(요)'.

1. A 저녁에 같이 영화 보러 가요.

   B 저는 집에서 공부할래요.

2. A 점심에 뭐 먹을까?

   B 나는 그냥 샌드위치 ______________.

3. A 미사코가 많이 늦는다. 그냥 갈까?

   B 아니, 난 좀 더 ______________. 바쁘면 먼저 가.

4. A 방학 때 같이 기타 ______________?

   B 좋아요. 그런데 한 달에 얼마예요?

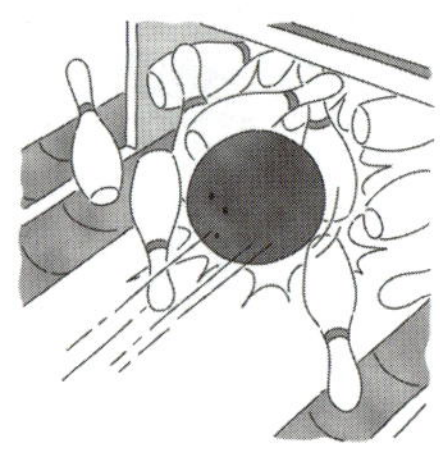

5. A 주말에 같이 볼링 ______________?

   B 좋아요. 끝나고 나서 저녁도 같이 먹어요.

6. A 내일이 애니 생일인데 같이 케이크 ______________?

   B 그래, 좋아.

Grammar Points

'-(으)ㄹ래(요)' is used to express the speaker's intention or to ask the listener's intention. However, it is not used in the 3rd person.

NEW WORDS 볼링 bowling

Comprehensive Exercise

1 Choose the appropriate word in the box and complete the sentences.

좀	열심히	푹	제일	꼭

1. 좀
① 숙제가 너무 어려워요. 좀 도와주세요.
② 일이 많아서 요즘 좀 바빠요.

2. ______
① 아파 보여요. 오늘은 집에 가서 ______ 쉬세요.
② 많이 피곤했는데 어제 ______ 자서 이제 괜찮아요.

3. ______
① 내일은 늦으면 안 돼요. 9시까지 ______ 와야 돼요.
② 마이클 씨의 결혼식에는 ______ 갈 거예요.

4. ______
① ______ 공부했는데 시험을 잘 못 봤어요.
② 제가 이 회사에서 근무하게 된다면 ______ 일하겠습니다.

2 Connect the question on the left with the most appropriate response.

1. 오늘 수업은 재미있었어요? •
2. 졸업 후에 뭘 하고 싶어요? •
3. 핸드폰을 잃어버렸다면서요? •
4. 빵을 좀 만들었는데 먹어 볼래요? •
5. 고등학교 때로 돌아간다면 뭘 하고 싶어요? •

• ① 글쎄요. 별로 돌아가고 싶지 않은데요.
• ② 네, 식당에 놓고 온 것 같아요.
• ③ 학교에서 영어를 가르쳤으면 좋겠어요.
• ④ 네, 얼마나 재미있었는데요.
• ⑤ 이따가 먹을게요. 고마워요

3 **Look at the pictures below and complete the sentences as shown in the example.**

1. 

매일 아이스크림을 먹었으면 좋겠어요. (먹다)

아이스크림이 얼마나 맛있는데요. (맛있다)

2. 

김은경 콘서트에 또 __________. (가다)

피아노를 __________. (잘 치다)

3. 

남자 친구와 항상 같이 __________. (있다)

제가 남자 친구를 __________. (사랑하다)

4. 

고장 난 히터를 빨리 __________. (고치다)

요즘 날씨가 __________. (춥다)

5. 

이사 갈 집은 __________. (조용하다)

지금 사는 집은 밤에 __________. (시끄럽다)

6. 

키가 10cm만 __________. (작다)

버스 탈 때 __________. (불편하다)

4 **Read the following and put the sentences in the correct order.**

1. 연극을 좀 공부해 보고 싶어서…….
2. 어디에서 들었어? 소문 정말 빠르다.
3. 너 외국으로 유학을 간다면서?
4. 연극?
5. 와, 너 참 대단하다.
6. 어렸을 때부터 배우가 되는 게 내 꿈이었어.
7. 괜찮은 회사에 다닌다고 들었는데 왜 갑자기 유학을 가?

(3) – (   ) – (7) – (   ) – (   ) – (6) – (   )

5 Look at the pictures below and complete the sentences using '-다면', '-ㄴ/는다면'.

1.

① 복권에 당첨된다면 ....

② ....

③ ....

→ 친구들에게 한턱낼 거예요.

복권에 당첨되다

상을 받다

과장이 되다

100점을 받다

2.

① 친구들이 나를 좋아하지 않는다면 ....

② ....

③ ....

→ 많이 슬플 거예요.

친구들이 나를 좋아하지 않다

남자 친구와 헤어지다

시험에서 떨어지다

친구가 계속 아프다

NEW WORDS 복권에 당첨되다 to win a prize in the lottery 한턱내다 to treat

6 **Read the following text messages and connect them with corresponding replies.**

1.

✉ 1월 9일 3:10 p.m.
얼마 전에 회사 그만두고 사업을 시작했다면서? 어렵게 시작한 일인데 잘 됐으면 좋겠다. 내 도움이 필요하면 연락하고 나중에 친구들하고 다 같이 만나자.

2.

✉ 1월 9일 3:10 p.m.
요즘 많이 바빠? 이번 휴가 때 일본에 여행을 가려고 하는데 같이 갈래? 맛있는 것도 먹고 온천에 가서 푹 쉬고 오자. 가고 싶으면 금요일까지 연락 줘.

3.

✉ 1월 9일 3:10 p.m.
또 외국으로 출장 간다면서? 멋지다! 난 아직 제주도도 못 가 봤는데. 나도 너처럼 외국 출장을 자주 다녔으면 좋겠다. 매일 사무실에만 있으니까 좀 답답해. 잘 갔다 오고 선물 많이 사 와.

①

✉ 1월 9일 3:30 p.m.
어디에서 들었어? 소문 참 빠르다. 나도 처음에는 외국에 자주 나가는 게 좋았는데 요즘은 생각이 좀 달라졌어. 그냥 다른 사람들처럼 편하게 놀러 가면 얼마나 좋을까? 그럼 갔다 와서 연락할게.

②

✉ 1월 9일 3:30 p.m.
갑자기 무슨 소리야? 나 회사 잘 다니고 있어. 우리 회사가 얼마나 좋은데 내가 왜 그만둬? 이따가 출장을 가야 돼서 지금은 좀 바쁘니까 나중에 다시 얘기하자.

③

✉ 1월 9일 3:30 p.m.
나도 회사 일은 잊어버리고 떠나고 싶다! 하지만 요즘 회사 일이 얼마나 많은데. 그리고 지난주에 휴가도 다녀와서 이번에는 어려울 것 같아. 다음에는 꼭 같이 가자.

NEW WORDS 부럽다 to envy　여기저기 here and there　답답하다 stuffy　떠나다 to leave

7 Listen to the conversation and mark "O" if the statement is true and "X" if the statement is false. 11

1. 여자는 오늘 친구들과 수영장에 갈 것이다. (　　　)
2. 남자는 딸에게 친구의 아들을 소개해 주려고 한다. (　　　)
3. 여자는 곧 결혼을 하기 때문에 출장을 갈 수 없다. (　　　)

8 Listen carefully and match each person with his or her childhood dream. 12

1. 웨이 •　　2. 크리스 •　　3. 미사코 •

① • 
② • 
③ • 
④ • 
⑤ • 

9 Listen carefully and choose the correct answer. 13

1. 대화 후에 여자는 무엇을 할까요?

   ① 도서관에 가서 공부를 한다.

   ② 119에 불이 났다고 전화한다.

   ③ 시험을 보고 나서 복권을 사러 간다.

2. 남자는 어떤 꿈이 좋은 꿈이라고 했습니까? 모두 고르세요.

① 
② 
③ 
④ 
⑤ 

UNIT 5 실수와 후회 Mistakes and Regrets

Vocabulary Exercise

1 **Complete the crossword puzzle.**

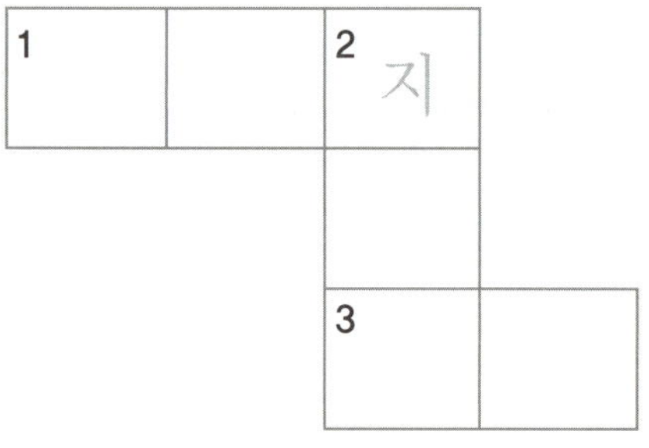

1. 음식을 다 먹고 나서 ○○○을/를 해야 되는데 좀 도와주세요.
2. ○○○에는 아주 바빴는데 이번 주에는 별로 바쁘지 않아요.
3. 저는 병원에 가는 게 제일 싫어요. ○○이/가 너무 무서워요.

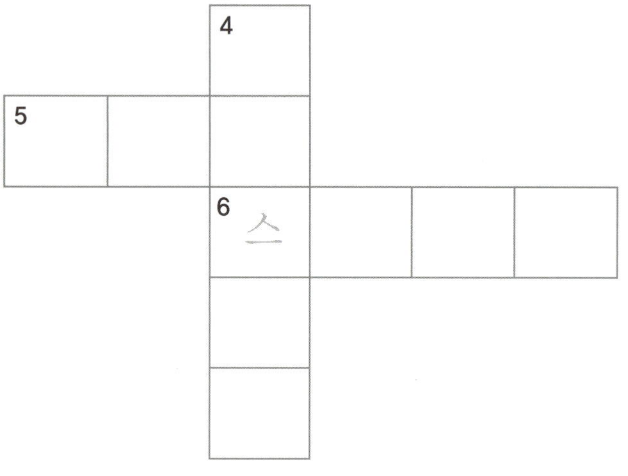

4. 오늘은 날씨가 더우니까 따뜻한 커피보다 시원한 ○○○○○을/를 마시고 싶어요.
5. 민수 씨가 새집으로 이사해서 파티를 한대요. 애니 씨도 민수 씨 ○○○에 갈 거예요?
6. 요즘 취직이 잘 안 돼서 ○○○○을/를 받아요. 몸도 피곤하고 마음도 힘들어요.

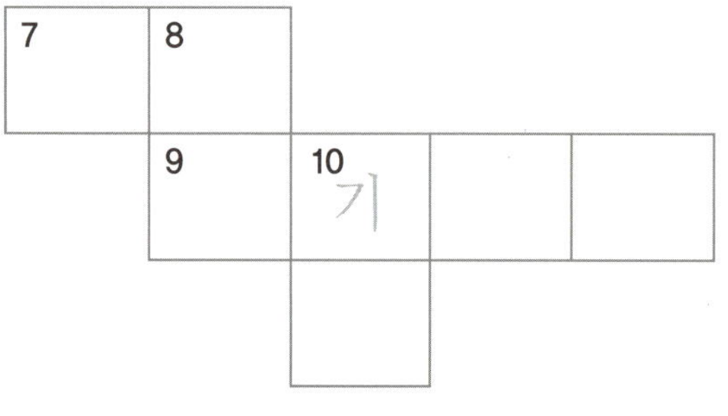

7. 이가 아프면 ○○에 가야 돼요.
8. 제가 제일 좋아하는 ○○은/는 사과예요.
9. ○○○○에서 내일 비가 온다고 했어요.
10. 시험을 잘 봐서 ○○이/가 좋아요.

2 Change the form of adjectives in the box and complete the sentences.

괴롭다	똑같다	부끄럽다	약하다	활발하다	편하다

1. 저는 좋아하는 사람 앞에서는 부끄러워서 말을 잘 못해요.
2. 여자 친구와 헤어졌을 때 ______ 아/어서 술을 많이 마셨어요.
3. 저는 높은 구두보다 ______ (으)ㄴ 운동화를 자주 신어요.
4. 마이클 씨는 아버지를 많이 닮았어요. 얼굴이 정말 ______ 아/어요.
5. 지금은 건강하지만 어렸을 때는 몸이 많이 ______ 았/었어요.

3 Change the form of verbs in the box and complete each dialogue.

과로하다	떨리다	가져오다	참다	통화하다	떠나다

1. A 재민 씨한테 전화해 봤어요?
   B 네, 아까 ______ 았/었는데 생일 파티에 못 온대요.
2. A 회사 일이 너무 힘들어서 그만두고 싶어.
   B 처음에는 항상 힘들어. 조금만 ______ 지 그래?
3. A 밖에 비가 오는데 우산을 안 ______ 았/었어요.
   B 내 우산을 빌려 줄게요.
4. A 요즘 너무 ______ 는 것 같아요. 계속 일만 하지 말고 좀 쉬세요.
   B 네, 그럴게요.
5. A 몇 시에 ______ (으)ㄹ 거예요?
   B 점심 먹고 나서 7시쯤 출발하려고 해요.

Grammar Exercise

1 Look at the pictures below and complete the sentences using '-느라고'.

1.  축구 경기를 보느라고 ______________ 숙제를 못 했어요.

2.  ______________ 전화를 못 받았어요.

3.  ______________ 점심을 못 먹었어요.

4.  ______________ 어제 늦게 잤어요.

5. 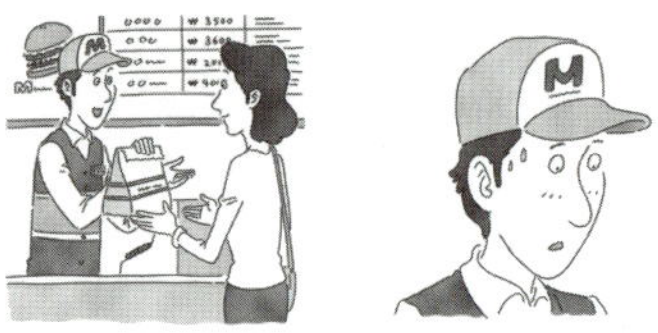 ______________ 요즘 힘들어요.

6.  ______________ 약속 시간에 늦었어요.

7.  ______________ 주말에 좀 바빴어요.

Grammar Points

'-느라고' is added to a verb stem and shows that the preceding sentence is the cause or reason of the following sentence. It is usually used to make excuses or tell reasons when you couldn't do something or you have a negative result.

2 **Look at the pictures below and complete the sentences using '때문에'.**

1. 감기 때문에 학교에 못 갔어요.

2. ______________ 스트레스를 받아요.

3. ______________ 밤 12시 전에 집에 꼭 들어 가야 돼요.

4. ______________ 여자 친구를 못 만났어요.

5. ______________ 주말에도 못 쉬었어요.

6. ______________ 회사 생활이 너무 힘들어요.

Grammar Points

'때문에' means 'because of' or 'due to' the noun in front of it.

③ Look at the pictures below and complete each dialogue using '아무리 -아도/어도'.

1. 

A 문제가 어려워요?

B 네, 아무리 생각해도 ______________ 답을 모르겠어요.

2. 

A 그 책을 또 읽어요?

B ______________ 이해할 수 없어서요.

3. 

A 마이클 씨는 한국 뉴스를 들을 수 있어요?

B 아니요, 너무 빨라서 ______________ 모르겠어요.

4. 

A 아직도 버스가 안 와요?

B 네, ______________ 안 와요.

5. 

A 날씨가 이렇게 추운데 오늘도 운동해요?

B 네, 저는 ______________ 매일 운동해요.

6. 

A 요즘 많이 바빠요? 민수 씨 결혼식에 갈 수 있어요?

B 그럼요. ______________ 꼭 갈 거예요.

Grammar Points

'아무리 -아도/어도' denotes concessions and means 'no matter what and how'.

④ Complete each dialogue as shown in the example.

1. A 집안일 중에서 뭐가 귀찮아요?
   B 설거지를 하기가 귀찮아요.

   - ☑ 설거지를 하다
   - ☐ 빨래하다
   - ☐ 청소하다

2. A 한강에서는 뭘 하기가 좋아요?
   B ....

   - ☐ 데이트를 하다
   - ☐ 자전거를 타다
   - ☐ 배드민턴을 치다

3. A 한국에서 살면서 뭐가 힘들어요?
   B ....

   - ☐ 버스를 타다
   - ☐ 음식을 주문하다
   - ☐ 병원에 가다

4. A 지금 쓰는 핸드폰은 뭐 하기가 편해요?
   B ....

   - ☐ 사전을 찾다
   - ☐ 음악을 듣다
   - ☐ 문자 메시지를 보내다

5. A 뭐가 제일 무서워요?
   B ....

   - ☐ 밤에 혼자 걷다
   - ☐ 주사를 맞다
   - ☐ 롤러코스터를 타다

Grammar Points

'–기(가) A' is used to express the speaker's judgement about what the verb denotes. '–기' is added to a verb and makes it a noun or a noun clause. The adjectives in this expression reflect emotion or status such as '좋다, 싫다, 편하다, 불편하다, 괴롭다, 쉽다, 어렵다, 부끄럽다, 귀찮다, 어떻다'. The subject maker '가' which comes after '–기' can be omitted.

NEW WORDS 배드민턴 badminton 롤러코스터 roller coaster

5 Choose the appropriate expression and complete each dialogue using '-거든요'.

시간이 없다	별로 바쁘지 않다	일찍 일어나야 되다
어렸을 때 배웠다	주인도 참 친절하다	병원에 입원했다

1. A 이번 방학에는 여행 안 가요?
   B 네, 아르바이트를 해야 돼서 시간이 없거든요.
   A 그래요? 몰랐어요.

2. A 이 식당에 자주 가요?
   B 네, 음식도 맛있고 ______. 애니 씨도 한번 가 보세요.
   A 그럴게요.

3. A 민수 씨, 벌써 자요?
   B 내일 아침에 중요한 회의가 있어서 ______.
   A 몰랐어요. 깨워서 미안해요.

4. A 퇴근 후에 잠깐 얘기 좀 해요.
   B 오늘은 야근을 해야 되는데 내일은 어때요? 내일은 ______.
   A 알겠어요. 그럼 내일 얘기해요.

5. A 민수 씨도 태권도를 할 줄 알아요?
   B 네, ______.
   A 그럼 나중에 저 좀 가르쳐 주세요.

6. A 무슨 일 있어요? 기분이 안 좋아 보여요.
   B 동생이 교통사고가 나서 ______.
   A 그래요? 많이 다쳤어요?

Grammar Points
'-거든(요)' is used to explain a reason or a fact that the listener does not know.

6 **Look at the pictures below and complete the sentences using '–았/었어야 됐는데'.**

너무 배가 고파서 공부를 할 수가 없어요.

1. 아침을 먹었어야 됐는데······ . (아침을 먹다)

계단에서 넘어져서 다리를 다쳤어요.

2. ______________ . (조심하다)

어제 친구와 영화를 봤는데 정말 재미없었어요.

3. ______________ . (다른 영화를 보다)

오늘까지 보고서를 내야 되는데 아직 다 못 썼어요.

4. ______________ . (미리 준비하다)

출장 때문에 친구 결혼식에 못 갔어요.

5. ______________ . (결혼식에 꼭 가다)

어제 술을 많이 마셔서 아직도 머리가 아파요.

6. ______________ . (조금만 마시다)

Grammar Points

'–았/었어야 됐는데' expresses regret, and shows that one could not do something that should have been done. '–았/었어야 되는데' is also used as the same meaning.

Comprehensive Exercise

1 Choose the appropriate words and complete the sentences.

	Words	Sentence
1.	가져가다 가져오다	내일 올 때 마실 물하고 도시락을 가져오세요 .
2.	잃어버리다 잊어버리다	재민 씨 옆에 있는 사람이 누구예요? 이름을 ________ 았/었어요.
3.	깨다 깨우다	아침마다 아이들을 ________ 기가 너무 힘들어요.
4.	걸다 걸리다	저기 벽에 ________ 아/어 있는 사진은 누구 사진이에요?
5.	돌아가다 돌아가시다	어젯밤에 친구 아버지가 교통사고로 ________ 았/었다.
6.	아깝다 아끼다	용돈을 ________ 아/어서 카메라를 사려고 해요.

2 Circle the correct word.

1. 공부해서 / 공부하느라고 저녁을 아직 못 먹었어요.
2. 지난 주말에 비가 와서 / 오느라고 등산을 못 갔어요.
3. 감기에 걸려서 / 걸리느라고 병원에 갔어요.
4. 부모님이 여행을 가셔서 / 가시느라고 저 혼자 집에 있었어요.
5. 어제 야근해서 / 야근하느라고 친구 생일 파티에 못 갔어요.

3 Find the most suitable response from the box below and fill in the blanks.

1. A 아르바이트를 시작했다면서요?

   B 여행 가려고 돈을 모으고 있거든요.

2. A 여러 번 전화했는데 왜 안 받았어요?

   B ....

3. A 비는 안 오는데 날씨가 흐리네요.

   B ....

4. A 민수 씨는 어제 왜 모임에 안 왔대요?

   B ....

5. A 왜 이렇게 늦었어요?

   B ....

이런 날이 등산하기 더 좋아요.
모르겠어요. 아무리 물어봐도 말을 안 해요.
요즘 일 때문에 스트레스 받아요.
미안해요. 일찍 출발했어야 됐는데......
여행 가려고 돈을 모으고 있거든요.
음악 듣느라고 소리를 못 들었어요.

4 Choose the correct one.

1. 지금은 ☐ 퇴근 시간이라서 ☐ 퇴근 시간 때문에 길이 많이 막혀요.

2. ☐ 화장실이라서 ☐ 화장실 때문에 이사하려고 해요.

3. ☐ 노트북이라서 ☐ 노트북 때문에 서비스 센터에 갔다 왔어요.

4. 웨이 씨는 ☐ 중국 사람이라서 ☐ 중국 사람 때문에 중국말을 잘해요.

5. ☐ 숙제라서 ☐ 숙제 때문에 친구에게 전화했어요.

6. ☐ 스트레스라서 ☐ 스트레스 때문에 요즘 잠을 잘 못 자요.

5 Look at the pictures below and talk about the following questions with your partner.

1. 아무리 바빠도 꼭 해야 하는 일이 뭐예요?

2. 세상에서 제일 하기 싫은 일이 뭐예요?

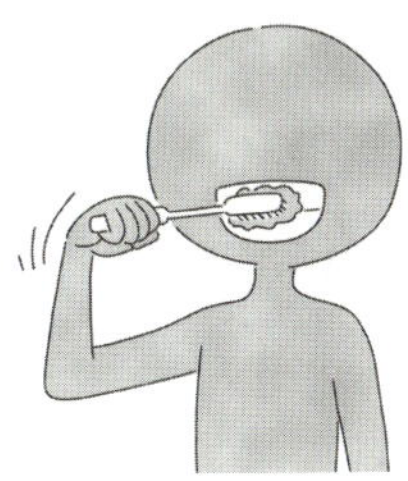

3. 사랑이나 일 때문에 포기한 일이 있어요?

4. 하지 말았어야 됐는데 하고 나서 후회한 일이 있어요?

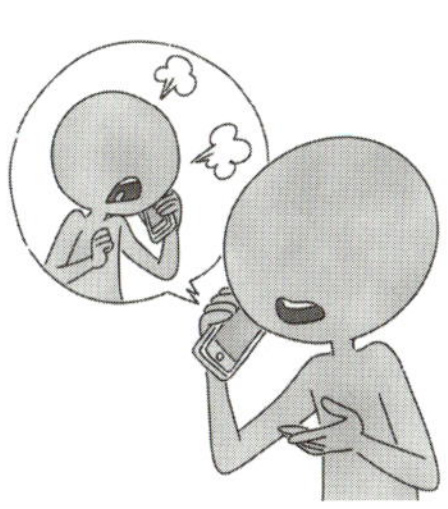

6 Read the following and answer the questions.

3월 14일 금요일

오늘은 아침부터 계속 비가 왔다. 하늘에서 내리는 비를 보고 있으니까 2년 전에 헤어진 그 사람이 생각난다. 그녀를 처음 만난 날에도 비가 참 많이 왔는데……. 그녀는 행복하게 잘 살고 있을까?

지금 생각해 보면 그때 여자 친구를 너무 외롭게 했다. 밤늦게까지 일하느라고, 친구들과 술 마시느라고 여자 친구를 너무 오랫동안 힘들게 했다. 아무리 바빠도 더 자주 전화했어야 됐는데……. 더 많은 시간을 같이 보냈어야 됐는데……. 일도 중요하지만 사랑도 중요한데 그때는 왜 바보처럼 몰랐을까?

이제 새로운 사람을 만나면 정말 행복하게 해 줄 자신이 있다. 같이 길을 걸으면서 이야기도 하고, 커피숍에 앉아서 그녀의 고민도 들어 주고, 같이 여행도 많이 다닐 것이다. 아! 빨리 새로운 사람을 만나서 다시 시작하고 싶다.

"내 사랑! 제가 여기에서 기다리고 있습니다. 빨리 와 주세요."

1. 이 사람은 왜 옛날 여자 친구를 외롭게 했습니까?

   ① 야근 때문에　　② 여행을 다니느라고　　③ 술을 마실 줄 몰라서

2. 맞으면 O, 틀리면 X 하세요.

   ① 이 사람은 새로운 사랑을 기다리고 있다. (　　　)

   ② 이 사람이 옛날 여자 친구와 헤어진 날에도 비가 많이 왔다. (　　　)

   ③ 이 사람은 여자 친구와 헤어지고 나서 자신의 잘못을 알게 되었다. (　　　)

NEW WORDS	내리다 to fall	그녀 she	오랫동안 for a long time	바보 fool	잘못 fault

7 Listen carefully and check the correct answer. 14

1. 웨이는
   - ☐ 집이 멀기 때문에
   - ☐ 밤에 잠을 잘 못 잤기 때문에

   오늘 회사에 지각했다.

2. 민수는
   - ☐ 보고서를 쓰느라고
   - ☐ 회의 준비를 하느라고

   점심 먹을 시간이 없다.

3. 수지는
   - ☐ 창문을 닫지 않고 나와서
   - ☐ 지각을 할 것 같아서

   걱정하고 있다.

8 Minji's mother called on her daughter's teacher to seek his advice. What is she worried about? Check the appropriate boxes below. 15

- ☐ 공부를 열심히 하지 않는다.
- ☐ 수업 시간에 자주 존다.
- ☐ 집에서 혼자 있으려고 한다.
- ☐ 밥을 잘 먹지 않는다.
- ☐ 친구들을 만나지 않는다.
- ☐ 엄마와 대화를 잘 하지 않는다.
- ☐ 집에 늦게 들어온다.

9 Listen carefully and choose the correct answer. 16

1. 여자는 대화 후에 무엇을 할 생각입니까?

① 

② 

③ 

2. 맞는 것을 고르세요.

① 여자는 요즘 운전 학원에 다니고 있다.

② 남자는 한 달 전부터 동생에게 운전을 가르쳐 주고 있다.

③ 여자는 남자 친구와의 운전 연습 때문에 스트레스를 받고 있다.

UNIT 6

회사 Company

Vocabulary Exercise

1 Choose the appropriate word for each definition.

교육	제목	주인공	인원	인사	보고

1. ______ 사람 수
2. ______ 가르치는 것
3. ______ 책이나 영화의 이름
4. ______ 만나고 헤어질 때 하는 말
5. ______ 일의 내용이나 결과를 알리는 것
6. ______ 연극, 영화에 나오는 제일 중요한 사람

2 Circle the correct one.

1. 전할 말이 있으면 메모 / 제목 을/를 남기세요.
2. 내가 길을 잘 모르니까 인사 / 안내 을/를 부탁해요.
3. 이 물건은 한국에 있는 공장 / 강당 에서 만든 제품입니다.
4. 좀 더 자세히 알고 싶으면 홈페이지 / 다운로드 을/를 보세요.
5. 언어교육원에 등록하려면 사무실에 있는 보고서 / 신청서 을/를 작성해서 제출하세요.
6. 이 책을 쓴 작가 / 주인공 은/는 학교에서 학생들을 가르치는 선생님이라고 해요.

3 Change the form of verbs in the box and complete each dialogue.

신청하다	근무하다	복사하다	남기다	참석하다	제출하다

1. A 오늘 오후 3시에 회의가 있으니까 꼭 참석하세요 .
   B 네, 늦지 않게 가겠습니다.

2. A 마이클 씨가 전화를 안 받네요.
   B 그럼 메시지를 ______________ (으)세요.

3. A 저도 컴퓨터 교육을 받고 싶은데 어떻게 해야 돼요?
   B 이번 주 금요일까지 인터넷으로 ______________ (으)면 돼요.

4. A 미나 씨 회사는 토요일에도 ______________ 아/어요?
   B 아니요, 토요일에는 일하지 않아요.

5. A 이 서류가 세 장 더 필요해요.
   B 그래요? 지금 ______________ 아/어서 갖다 드릴게요.

6. A 제품 설명서를 작성해서 샘플과 함께 내세요.
   B 언제까지 ______________ (으)면 돼요?

Grammar Exercise

1 Choose the appropriate verbs from the box and complete each dialogue using '-는 중이다'.

회의하다	먹다	수리하다	만들다

1. A 지금 뭐 해?

   B 밥 먹는 중이야 .

2. A 김 과장님을 만나러 왔는데요.

   B 지금 __________ . 무슨 일이세요?

3. A 엘리베이터가 고장 났어요?

   B 네, 지금 __________ . 불편을 드려 죄송합니다.

4. A 엄마, 배고픈데 언제 저녁 먹을 수 있어요?

   B 지금 불고기 __________ . 잠깐만 기다려.

Grammar Points

'-는 중이다' shows that an action is in progress.

2 Fill in the blanks with the correct word.

외출 중	통화 중	운전 중	복사 중	공사 중	전시 중

1.  미나 씨한테 여러 번 전화했는데 계속 __________ 이에요.

2. 

이 길은 __________ 이니까 다른 길로 가세요.

3.  회의할 때 필요한 자료를 __________ 입니다.

4.  지금 __________ 이니까 이따가 전화할게요.

5.  사장님은 지금 __________ 이라서 자리에 안 계십니다.

6.  이 화가의 그림이 지금 한국미술관에서 __________ 입니다.

Grammar Points

'중이다' can be added to some nouns and expresses an action in progress.

❸ Look at the pictures below and complete the sentences using '-(으)ㄴ 후에'.

1. 
밥을 먹다

약을 먹다

밥을 먹은 후에 약을 먹어요.

2. 
내리다

타다

사람들이 ______________ 타세요.

3. 
운동하다

맥주를 마시다

______________ 맥주를 마셔요.

4. 
계산하다

마시다

______________ 마셔야 돼요.

5. 
설명을 듣다

질문하다

______________ 질문하세요.

6. 
눈사람을 만들다

사진을 찍다

______________ 사진을 찍었어요.

Grammar Points

'-(으)ㄴ 후에' shows that one action or event happens after another one.

4 **Look at the Minsu's schedule below and complete each dialogue using '-기로 하다'.**

월	화	수	목	금	토	일
영화 (미나)	종로 (마이클)	점심 식사 (교수님)	동대문시장 (겨울옷)	미영 씨 집들이	등산 (아버지)	

1. A 민수 씨, 다음 주 월요일 오후에 시간 있어요?

   B 미안해요. 월요일에 미나 씨하고 영화 보기로 했어요.

2. A 그럼 화요일은 어때요?

   B 화요일에는 종로에서 마이클을 ______________.

3. A 수요일에도 약속이 있어요?

   B 수요일에는 교수님과 점심을 ______________.

4. A 목요일에는요?

   B 친구하고 같이 동대문시장에 가서 ______________.

5. A 금요일에도 바빠요?

   B 미영 씨 집들이에 ______________.

6 A 토요일에는 수업도 없고 주말이니까 시간이 있지요?

   B 미안해요. 토요일에는 아버지하고 ______________.

   일요일에는 안 바빠요. 일요일에 만날까요?

Grammar Points

'-기로 하다' shows a decision, resolution, or promise to do something.

❺ Look at the pictures below and complete the sentences using '–기 전에'.

1. 
표를 사다
➡ 
기차를 타다

기차를 타기 전에 표를 사야 돼요.

2. 
불을 끄다
➡ 
자다

.... 불을 꺼야 돼요.

3. 
손을 씻다
➡ 
밥을 먹다

.... 손을 씻으세요.

4. 
신발을 벗다
➡ 
집에 들어가다

.... 신발을 벗어야 돼요.

5. 
벨을 누르다
➡ 

버스에서 내리다

.... 벨을 누르세요.

6. 

예약하다
➡ 
병원에 가다

.... 예약하세요.

✓ NEW WORDS 벨 bell

Grammar Points

'–기 전에' shows that the content of the clause in front of '–기 전에' occurs after that of the clause following '–기 전에'.

6 Rewrite the sentences using '-기 바라다'.

1. 9시까지 출근하세요. → 9시까지 출근하시기 바랍니다.
2. 이메일을 확인해 주세요. → ____________.
3. 회의 시간에 늦지 마세요. → ____________.
4. 퇴근할 때 컴퓨터를 끄세요. → ____________.
5. 신청서를 작성한 후에 접수하세요. → ____________.
6. 휴대 전화 벨소리를 진동으로 바꿔 주세요. → ____________.

Grammar Points

'-기 바라다' is used to show the speaker or writer's hope. It is often used to request something in an official announcement or to express greeting in a card.

7 Complete the sentences using '-(으)ㅂ시다'.

1. 더우니까 에어컨을 ____________. (켜다)
2. 비빔밥은 매우니까 설렁탕을 ____________. (먹다)
3. 날씨가 좋으니까 밖에 나가서 ____________. (걷다)
4. 불고기는 어려우니까 샌드위치를 ____________. (만들다)

Grammar Points

'-(으)ㅂ시다' is used to suggest to do something together. It is not used to someone older or in a higher position than you.

8 Complete the sentences using '-(으)ㅂ시다' or '-지 맙시다'.

1.

도서관에서는

① 조용히 합시다. (하다)

② 책을 깨끗하게 ______. (보다)

③ 전화 통화는 밖에 나가서 ______. (하다)

④ 뛰지 맙시다. (뛰다)

⑤ 음식을 ______. (먹다)

⑥ 큰 소리로 ______. (이야기하다)

2.

회사에서는

① 서로 ______. (도와주다)

② 웃으면서 ______. (인사하다)

③ 종이를 아껴서 ______. (쓰다)

④ 회의 중에 전화를 ______. (받다)

⑤ 근무 시간에 채팅을 ______. (하다)

⑥ 컴퓨터 옆에 음료수를 ______. (놓다)

Comprehensive Exercise

1 Find the synonyms of the underlined words from the box and rewrite the underlined parts.

검토하다	이사하다	절약하다	작성하다
통화하다	방문하다	계산하다	

1. 보고서를 써서 사장님께 제출하세요.

   → 작성해서

2. 계약하기 전에 서류를 다시 확인하세요.

   →

3. 환경을 생각해서 에너지를 아껴야 돼요.

   →

4. 친구가 지갑을 잃어버려서 제가 돈을 냈어요.

   →

5. 미국으로 유학 간 친구와 전화로 이야기했어요.

   →

6. 지금 살고 있는 집이 불편해서 내년쯤 집을 옮기려고 해요.

   →

7. 전화로 이야기하는 것보다 직접 찾아가서 만나는 게 좋겠어요.

   →

2 Connect the preceding clause on the left with the appropriate following clause.

1. ① 밥 먹기 전에 • • ⓐ 이를 닦아요.
   ② 밥 먹은 후에 • • ⓑ 손을 씻어요.

2. ① 한국에 오기 전에 • • ⓐ 한국말을 못했어요.
   ② 한국에 온 후에 • • ⓑ 한국말을 잘하게 됐어요.

3. ① 담배를 끊기 전에 • • ⓐ 건강해졌어요.
   ② 담배를 끊은 후에 • • ⓑ 목이 많이 아팠어요.

4. ① 이사하기 전에 • • ⓐ 집을 구해야 돼요.
   ② 이사한 후에 • • ⓑ 집들이를 해요.

3 Complete each dialogue using either '–아/어요' or '–(으)ㅂ시다'.

1. 아빠: 이번 방학에 어디로 여행을 갈까?
   아이: 강원도로 ___가요___, 아빠.

2. 박 대리: 부장님, 내일 회의는 몇 시에 할까요?
   김 부장: 점심 먹고 나서 두 시쯤 ________.

3. 엄마: 오늘 저녁은 어디에서 먹을까?
   아이: 특별한 날이니까 밖에 나가서 ________.

4. 학생: 교수님, 행사는 어디에서 할까요?
   교수: 강당에서 ________.

4 **Choose the appropriate expressions in the box and rewrite them using '–기 바라다'.**

핸드폰을 꺼 주세요.   안전선 밖으로 한 걸음 물러서 주세요.
이름을 부르면 안으로 들어가세요.   줄을 서 주세요.
계단을 이용해 주세요.   번호표를 뽑고 기다려 주세요.

1. 곧 영화가 시작됩니다.
   핸드폰을 꺼 주시기 바랍니다.

2. 지금 열차가 들어오고 있습니다.
   ....

3. ....

4. 엘리베이터 수리 중입니다.
   ....

5. ....

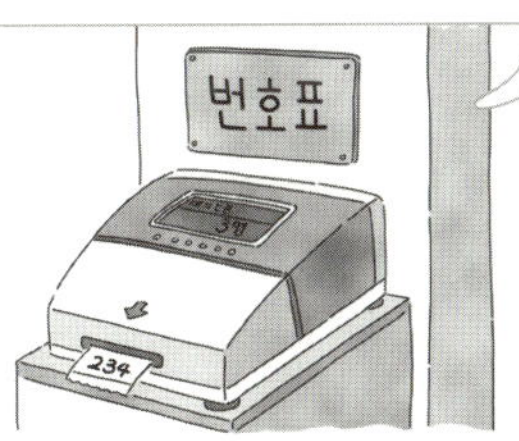

6. ....

NEW WORDS

안전선 safety line	걸음 step	물러서다 to step back	줄 line
번호표 ticket number	뽑다 to pull out		

⑤ Read the following and answer the questions.

답장 | 전체 답장 | 전달 | 삭제 | 스팸 신고   목록 위▲ 아래▼

제목: 12월 첫째 주 업무 보고
보낸 날짜: 2012/12/1 월요일 오전 9:00
보낸 사람: kimjs@seoulsoftware.com
받는 사람: jhkong@seoulsoftware.com

부장님, 안녕하십니까?
김진수 과장입니다. 12월 첫째 주 업무 보고드리겠습니다.

1. 전시회
12월 10일부터 코엑스에서 열리는 전시회에 우리 회사도 참가하기로 했습니다.
참가 신청서는 오늘 제출하겠습니다. 새로 나온 제품의 샘플은 금요일에 준비된다고 합니다.
회사 홈페이지에 전시회에 대한 안내를 올렸습니다.

2. 직원 교육
직원 교육 신청자가 25명입니다. 인원이 많아서 직원 교육을 컴퓨터로 하기로 했습니다.

3. 이소영 씨 송별회
영업부에서 근무하는 이소영 씨가 회사를 그만두게 되었다고 합니다.
그래서 수요일 저녁에 직원들이 함께 저녁 식사를 하기로 했습니다.
화요일까지 참석 인원을 확인해서 보고드리겠습니다.

김진수 드림

1. 김진수 씨는 왜 이 글을 썼습니까?
   ① 전시회에 참가하려고 ② 직원 교육을 신청하려고 ③ 이번 주에 할 일을 보고하려고

2. 맞는 것을 고르세요.
   ① 직원 교육은 컴퓨터로 한다.
   ② 이소영 씨는 영업부에서 근무하게 되었다.
   ③ 새 제품의 샘플은 수요일에 준비된다고 한다.

NEW WORDS
업무 business 올리다 to post (on the internet) 신청서 application form
신청자 applicant 송별회 farewell party

6 **What are they doing? Listen carefully and connect the person with the appropriate expressions.** 17

1. 김 과장 •		• ① 상담 중
2. 의사 •		• ② 샤워 중
3. 김수미 •		• ③ 출장 중
4. 형 •		• ④ 식사 중

7 **Listen carefully and choose the correct answer.** 18

1. 무슨 이야기를 하고 있습니까?
   ① 고민　　② 계획　　③ 실수

2. 맞는 것을 고르세요.
   ① 앤디는 술과 담배를 끊기로 했다.
   ② 양양은 가족과 여행을 가기로 했다.
   ③ 수지는 주말마다 등산을 가기로 했다.

8 **Listen carefully and answer the questions.** 19

1. 내일의 일정입니다. 순서를 쓰세요.

© 한국관광공사
성산일출봉 (1)

테마파크 (　　)

© 한국관광공사
폭포 (　　)

© 한국관광공사
민속마을 (　　)

2. 맞는 것을 고르세요.
   ① 폭포에서 수영을 할 수 있다.
   ② 공연을 보면서 저녁을 먹을 것이다.
   ③ 민속마을은 세계의 유명한 장소들을 작게 만든 곳이다.

NEW WORDS

일정 itinerary	성산일출봉 Seongsan Ilchulbong	관광 sightseeing
폭포 fall	테마파크 theme park	민속마을 folk village

소비와 절약 Consuming and Saving

Vocabulary Exercise

1 Complete the crossword puzzle.

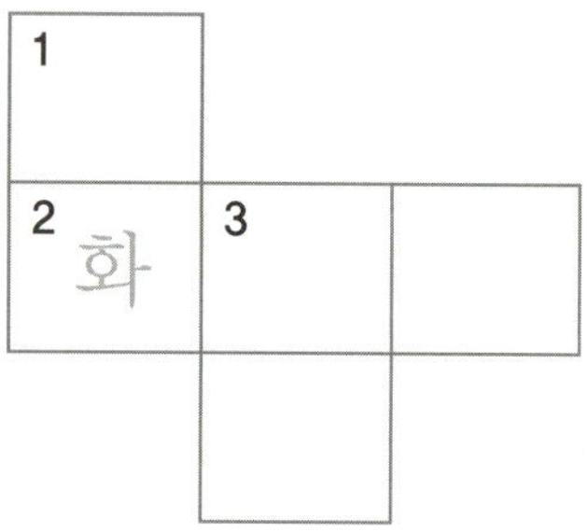

1. 나는 ○○ 보는 걸 좋아해서 일주일에 한 번 극장에 간다.
2. 요즘 피부가 안 좋아져서 걱정이다. 이 ○○○을/를 쓰면 피부가 다시 좋아질까?
3. 이 휴대 전화는 화면이 아주 크다. 이것은 ○○이/가 될 수도 있지만 단점이 될 수도 있다.

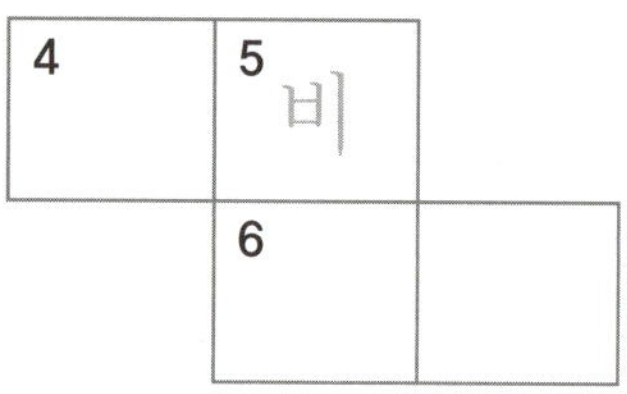

4. 가까운 곳에 자동차를 타고 가는 것은 기름 ○○(이)다.
5. 나흘 동안 제주도로 여행을 갔다 왔는데 여행 ○○이/가 백만 원쯤 들었다.
6. 고등학교 때까지 부모님한테서 ○○을/를 받았지만 대학교에 입학한 후에는 내가 직접 돈을 벌고 있다.

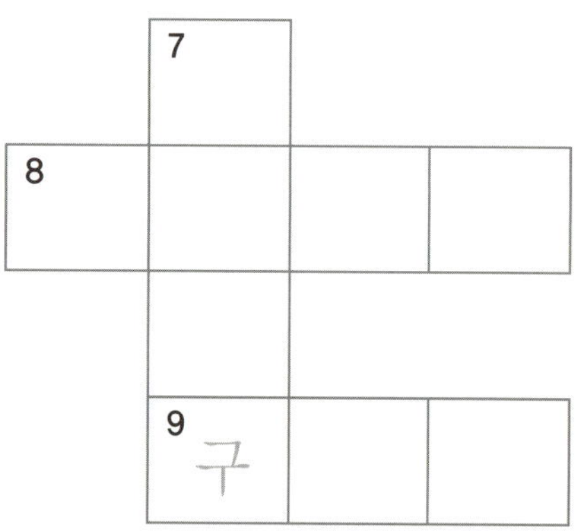

7. 살을 빼려고 집에서 사용할 수 있는 ○○ ○○을/를 하나 샀다.
8. 옷을 사려고 백화점에 갔는데 세일을 하고 있어서 비싼 가방을 ○○○○ 했다.
9. 우리 형은 ○○○(이)다. 물건이 고장 나면 버리지 않고 고쳐서 쓰고 10년 전에 산 옷을 아직도 입고 다닌다.

❷ Fill in the blanks with the correct word.

가격	생활비	요금	신용카드	현금

1. A 버스와 지하철 __________ 이/가 다음 달부터 오를 거라고 해요.
   B 정말요? 큰일이네요.
2. A 민수야, 지금 돈 있으면 만 원만 빌려 줘.
   B 나도 지금 지갑 안에 __________ 이/가 전혀 없는데 어떡하지?
3. A 노트북을 새로 사려고 하는데 오성 노트북 어때?
   B __________ 은/는 좀 비싸지만 품질이 정말 좋아.
4. A 어떻게 계산하시겠어요?
   B 지금 돈이 없는데 __________ (으)로 계산할 수 있습니까?
5. A 세계에서 __________ 이/가 제일 비싼 도시가 어디인지 알아요?
   B 글쎄요. 도쿄나 모스크바 아니에요?

❸ Change the form of verbs in the box and complete the sentences.

남다	나오다	돌려받다	모으다	할인되다	후회하다	분실하다

1. 새로 산 휴대 전화를 __________ 아/어서 속상했는데 다시 찾게 되어서 정말 기쁘다.
2. 음식을 많이 준비했는데 사람들이 많이 먹지 않아서 음식이 많이 __________ 았/었다.
3. 한 달 전에 친구한테 돈을 빌려 줬는데 아직도 친구한테서 돈을 못 __________ 았/었다.
4. 노트북을 새로 사고 싶어서 외식도 안 하고 영화도 안 보면서 돈을 __________ 고 있다.
5. 지금 열심히 공부하지 않으면 나중에 시험에 떨어지고 나서 __________ 게 될 것이다.
6. 인터넷으로 예매하면 표 값이 20퍼센트 정도 __________ 기 때문에 싸게 공연을 볼 수 있다.

Grammar Exercise

1 Look at the pictures below and complete each dialogue using '-(으)ㄹ 줄 몰랐다'.

1. A 우산 안 가져왔어요?

   B 네, 비가 올 줄 몰랐어요.

비가 오다

2. A 컴퓨터 가격이 생각보다 좀 비싸네요.

   B 네, ______.

비싸다

3. A 여기 처음 와 봤어요?

   B 네, ______.

경치가 아름답다

4. A 길이 막히는데 버스 타고 왔어요?

   B 네, ______.

길이 막히다

5. A 회사 일이 많아서 힘들지?

   B 응, ______.

일이 힘들다

6. A 삼계탕을 처음 먹어요?

   B 네, ______.

삼계탕이 맛있다

Grammar Points

'-(으)ㄹ 줄 몰랐다' is added to the stem of an adjective or a verb, and shows that one did not expect or anticipate that a certain status or incident would occur. For adjectives, it is usually used with '이렇게', '그렇게', or '저렇게'.

2 Complete each dialogue as shown in the example.

1. A 인터넷으로 뭘 해요?

   B 이메일을 보내거나 게임을 해요.

이메일을 보내다	게임을 하다

2. A 가족이 보고 싶으면 어떻게 해요?

   B ______________________.

사진을 보다	전화하다

3. A 화가 많이 날 때는 어떻게 해요?

   B ______________________.

음악을 듣다	맛있는 음식을 먹다

4. A 비행기 안에서 심심하면 뭘 해요?

   B ______________________.

책을 읽다	영화를 보다

5. A 운전할 때 졸리면 어떻게 해요?

   B ______________________.

커피를 마시다	껌을 씹다

6. A 한국어 공부할 때 모르는 단어가 있으면 어떻게 해요?

   B ______________________.

친구에게 물어보다	사전을 찾아보다

Grammar Points

'–거나' is added to the stem of an adjective or a verb, and denotes that one is selecting an action or status out of those listed.

NEW WORDS 졸리다 drowsy 껌 chewing gum 찾아보다 to look up

③ Fill in the table using '-(으)ㄴ가 보다' or '-나 보다'.

1.	바쁘다	→	바쁜가 보다
2.	사다	→	
3.	좋다	→	
4.	읽다	→	
5.	심심하다	→	
6.	후회하다	→	
7.	듣다	→	
8.	맵다	→	
9.	알다	→	
10.	멀다	→	
11.	위험하지 않다	→	
12.	확인하지 않다	→	

Grammar Points

'-(으)ㄴ가 보다', '-나 보다', '-았/었나 보다' show that one guesses something based on a certain fact or situation.

<present tense>

In case of adjectives,

- adjective stems ending with a vowel + -ㄴ가 보다
- adjective stems ending with a consonant + -은가 보다

In case of verbs,

- verb stem + -나 보다

<past tense>

- verb or adjective stem's last vowels ending with 'ㅏ' or 'ㅗ' + -았나 보다
- verbs or adjectives ending with '하다', 하다 → 했나 보다
- In all other cases, add '-었나 보다'

4 Choose the appropriate expression and complete each dialogue using '-(으)ㄴ가 보다', '-나 보다', '-았/었나 보다'.

옷이 작다	밖에 눈이 오다	배가 많이 고프다
시험을 잘 보다	지갑을 잃어버리다	매운 음식을 못 먹다

1. A 배가 많이 고픈가 봐요 .

   B 네, 너무 바빠서 점심을 못 먹었거든요.

2. A ______________________.

   B 응, 작년에 샀는데 살이 쪄서 안 맞네.

3. A ______________________.

   B 네, 올 줄 몰랐는데 많이 오네요.

4. A ______________________.

   B 네, 매운 음식을 먹으면 배가 아프거든요.

5. A ______________________.

   B 이상하다. 아까 식당에서 돈 낼 때 있었는데.

6. A ______________________.

   B 네, 좋은 점수를 받아서 기분이 좋아요.

NEW WORDS 점수 grade

5 Choose the appropriate verb from the box and complete each dialogue using '-(으)ㄹ걸 그랬다' or '-지 말걸 그랬다'.

자다	보다	사다	자르다	가져오다	예약하다

1. A 이번 주말에 제주도에 가는 비행기 표가 없대요.

   B 그래요? 미리 표를 예약할걸 그랬어요.

2. A 밖에 비가 많이 오는데 우산 있어?

   B 정말? 큰일이네. 우산을 ______________.

3. A 영화 정말 재미있었는데 왜 보러 안 갔어요?

   B 그래요? 나도 같이 가서 ______________.

4. A 머리를 잘랐네요.

   B 어제 잘랐는데 마음에 안 들어요. ______________.

5. A 내일부터 서울백화점에서 겨울옷 세일을 한대요.

   B 정말요? 어제 거기에서 코트를 샀는데 ______________.

6. A 어젯밤에 축구 경기 봤어? 얼마나 재미있었는데.

   B 자느라고 못 봤어. ______________.

Grammar Points

'-(으)ㄹ걸 그랬다' shows the speaker's regret about something that he/she did not do or could not do. '-지 말걸 그랬다' is used when showing regret about what the speaker has done.

6 Complete each dialogue using '밖에'.

1. A 중국어 할 수 있어요?

   B 아니요, 영어밖에 못해요. (영어)

2. A 볼펜 좀 빌려 줘.

   B 나도 ______________. (하나)

3. A 집에서 학교까지 얼마나 걸려요?

   B ______________. (20분)

4. A 형이나 누나가 있어요?

   B 아니요, ______________. (여동생)

5. A 한국어를 잘하네요. 얼마 동안 배웠어요?

   B ______________. (네 달)

6. A 서울에서 어디에 가 봤어요?

   B ______________. (명동하고 인사동)

Grammar Points

'밖에' means 'besides' or 'other than'. Negatives such as '안', '못' always come after '밖에'.

7 Complete each dialogue using '-(으)려면'.

1. A 인사동에 가려고 하는데요.

   B 인사동에 가려면 ______________ 안국역에서 내리세요.

2. A 맛있는 인도 음식을 먹고 싶어요.

   B ______________ 이태원에 있는 인도 식당에 가 보세요.

3. A 김민수 씨를 만나러 왔는데요.

   B ______________ 3층 사무실로 가셔야 돼요.

4. A 손을 씻고 싶은데요.

   B ______________ 저기에 있는 화장실을 이용하세요.

5. A 뉴스를 듣고 싶은데 몇 시에 뉴스가 시작해요?

   B ______________ 조금만 더 기다리세요.

6. A 통장을 만들려고 하는데 뭐가 필요해요?

   B ______________ 여권이 필요합니다.

Grammar Points

'-(으)려면' is short for '-(으)려고 하면' and used to suppose an intention or inclination about doing something.

Comprehensive Exercise

1 Connect the sentences on the left with the corresponding verbs and complete the sentences.

1. 저는 지갑에 현금을 만 원 정도만 갖고 다녀요.

2. 물건을 살 때 현금보다 신용카드를 ________ 는 게 좋대요.

3. 내가 선물한 옷을 왜 안 입어요? 마음에 안 ________ 아/어요?

4. 지난달에 옷을 사는 데 돈을 많이 ________ 았/었어요.

5. 우산이 작아서 두 사람이 같이 ________ 기 어려워요.

6. 내 친구는 대학교를 졸업하고 컴퓨터 회사에 ________ 고 있어요.

① 쓰다
② 들다
③ 다니다

② Circle the correct word.

1. 돈을 모으면 / 모으려면 유럽으로 여행을 가고 싶어요.

2. 사진을 잘 찍으면 / 찍으려면 좋은 카메라가 필요해요.

3. 푹 쉬면 / 쉬려면 몸이 괜찮아질 거예요.

4. 불고기를 만들면 / 만들려면 소고기를 사면 돼요.

5. 살을 빼면 / 빼려면 조금만 먹고 운동을 해야 돼요.

6. 컴퓨터를 오래 하면 / 하려면 눈이 아플 거예요.

7. 이 구두를 신으면 / 신으려면 키가 커 보여요.

8. 담배를 끊지 않으면 / 않으려면 건강이 더 나빠질 거야.

3 **Write your guesses about the pictures below as shown in the example.**

1. 늦었나 봐요 .
2. .
3. .
4. .
5. .
6. .
7. .
8. .

4 Look at the pictures below and complete the sentences as shown in the example.

1. 

백화점에서 가수 '소라'를 만날 줄 몰랐어요. (만나다)

카메라를 가져올걸 그랬어요. (가져오다)

2. 

길이 ______________. (막히다)

지하철을 ______________. (타다)

3. 

부산에 가는 사람들이 ______________. (많다)

기차표를 미리 ______________. (사다)

4. 

음식이 ______________. (모자라다)

음식을 많이 ______________. (준비하다)

5. 

시간이 ______________. (많이 걸리다)

일찍 ______________. (출발하다)

6. 

시험이 ______________. (어렵다)

열심히 ______________. (공부하다)

5 **Read the following and match each number with the appropriate answers.**

SERVICE CENTER 우리홈쇼핑 서비스 센터

	Q		A
1.	Q 우리홈쇼핑에서 옷을 샀는데 디자인이 마음에 들지 않습니다. 교환이나 환불을 받을 수 있습니까?	①	A 우리홈쇼핑에서 산 제품이 고장 났을 때는 우리홈쇼핑 서비스센터로 연락하시거나 제품을 만든 회사의 서비스 센터로 연락하시면 됩니다.
2.	Q 우리홈쇼핑에서 전자 제품을 샀는데 고장이 났습니다. 어디로 연락해야 됩니까?	②	A 컴퓨터나 노트북은 전원을 켜고 사용한 후에는 환불을 받을 수 없습니다. 그렇지만 제품에 문제가 있을 때는 환불이 가능합니다.
3.	Q 우리홈쇼핑에서는 신용카드가 없으면 물건을 살 수 없습니까?	③	A 아닙니다. 여러 가지 계산 방법이 있습니다. 계산 방법에 대해서 좀 더 자세히 알려면 아래에 있는 주문 을 클릭해 주세요.
4.	Q 컴퓨터를 사서 사용해 봤는데 마음에 들지 않아서 환불을 받고 싶습니다. 가능할까요?	④	A 물론입니다. 그렇지만 옷을 입은 적이 있거나 옷을 사고 일주일이 지나면 교환을 하거나 환불을 받을 수 없습니다.

NEW WORDS 환불 refund 계산 accounts 주문 order 클릭하다 to click

6 Read the following and check (√) your answers.

소비와 절약 테스트

1. 나는 충동구매를 자주 한다.	☐
2. 가계부를 써 본 적이 없다.	☐
3. 아무리 돈이 없어도 방학이나 휴가 때 여행을 꼭 가야 한다.	☐
4. 내가 내는 세금에 대해서 잘 모른다.	☐
5. 물건을 사기 전에 필요한 물건을 메모하지 않고 그냥 산다.	☐
6. 카드 요금이 많이 나와서 걱정을 해 본 적이 있다.	☐
7. 버스나 지하철보다 택시를 자주 탄다.	☐
8. 친구들과 밥을 먹거나 술을 마실 때 밥값이나 술값을 내가 자주 낸다.	☐
9. 매달 은행에 돈을 저축하지 않는다.	☐
10. 돈이 없으면 가족이나 친구한테 돈을 빌려서 쓴다.	☐

√		
	7개 이상	위험해요! 이렇게 계속 돈을 쓰면 돈 모으기 어려운데 큰일이네요.
	5 ~ 6개	미래에 좀 더 행복하게 살려면 지금은 조금만 참는 게 어때요?
	3 ~ 4개	쓸 때는 쓰고 아낄 때는 아끼는 당신. 당신의 미래는 지금보다 훨씬 편안할 거예요.
	0 ~ 2개	지금처럼 아끼고 절약하면 당신은 10년 후에 부자가 될 거예요.

NEW WORDS
가계부 household account book 세금 tax 술값 money for drinking
매달 every month

7 **Listen to the conversation and mark "O" if the statement is true and "X" if the statement is false.** 20

1. 딸은 핸드폰을 잃어버려서 걱정하고 있다. ( )
2. 지금까지 아빠가 딸의 핸드폰 요금을 냈다. ( )
3. 아빠는 다음 달부터 딸에게 용돈을 주지 않으려고 한다. ( )

8 **Listen carefully and check if the speaker is positive about the credit card or not.** 21

	positive	negative
1.	☐	☐
2.	☐	☐
3.	☐	☐
4.	☐	☐

9 **Listen carefully and answer the questions.** 22

1. 기자는 어떤 사람을 인터뷰하고 있습니까?

   ① 평생 모은 돈을 좋은 일을 하는 데 쓴 부부

   ② 물건을 싸게 사는 방법을 잘 알고 있는 부부

   ③ 20년 동안 돈을 모아 큰 집으로 이사한 부부

2. 부부가 돈을 절약한 방법을 모두 고르세요.

☐ 할인되는 카드로 에어컨과 김치냉장고를 산다.
☐ 백화점 세일할 때 양복을 여러 벌 산다.
☐ 회사에 갈 때 버스나 지하철을 이용한다.
☐ 회사에 갈 때 도시락을 갖고 다닌다.
☐ 한 번 산 물건을 오래 쓴다.

NEW WORDS | 벌 a suit (of clothes)

UNIT 8

한국 Korea

Vocabulary Exercise

1 Change the form of words in the box and complete each dialogue.

느끼다	베다	오래되다	외출하다	전시되다	지내다

1. A 오늘 계속 집에 있을 거예요?

   B 아니요, 약속이 있어서 오후에 잠깐 ____________(으)ㄹ 거예요.

2. A 우리 집 텔레비전은 10년 전에 산 거예요.

   B 와, 정말 ____________(으)ㄴ 물건이네요.

3. A 우리 할아버지는 나무로 만든 베개를 좋아하세요.

   B 정말요? 그 베개를 ____________(으)면 목이 아프지 않을까요?

4. A 미술관에 갔다 왔다면서요?

   B 네, 1950년대 화가들의 그림이 ____________아/어 있었어요.

5. A 하숙집 생활이 어때요?

   B 한국 사람들의 정을 ____________(으)ㄹ 수 있어서 좋아요.

6. A 방학에 뭐 했어요?

   B 태권도도 배우고, 여행도 다니면서 재미있게 ____________았/었어요.

2 Fill in the blanks with the appropriate word.

어디서나	얼마나	무엇보다도	누구나

1. A 회사 뒤에 있는 식당 음식이 맛있어요?

   B 그럼요. ______________ 맛있는데요. 꼭 먹어 보세요.

2. A 요즘은 지하철에서도 이메일을 확인할 수 있다면서요?

   B 네, 스마트폰만 있으면 ______________ 인터넷을 이용할 수 있거든요.

3. A 이 집이 왜 마음에 들어요?

   B 조용하고, 값도 싸고, ______________ 학교에서 가까워서요.

4. A 그 영화는 어른만 볼 수 있어요?

   B 아니요, ______________ 볼 수 있어요.

3 Fill in the blanks with the appropriate word.

박물관　블로그　대중교통　서울타워　하숙집　공예품

답장 | 전체 답장 | 전달 | 삭제 | 스팸 신고　　목록 위▲ 아래▼

안녕하세요?　　2012/12/1 월요일 오전 9:00

보낸 사람　jaemin@hankook.com

받는 사람　james@friend.net

제임스 형,

그동안 잘 지냈어요? 공부하러 한국에 온다면서요?

집은 구했어요? 학교 기숙사에 사는 것도 편하지만 1. ______________ 에서 살면 한국 사람들과 가족처럼 지낼 수 있어서 좋은 것 같아요.

서울에는 구경할 곳도 정말 많아요. 2. ______________ 에 가면 서울 시내와 한강을 모두 볼 수 있고, 3. ______________ 에 가면 옛날 물건들이 전시되어 있어서 한국의 전통문화도 배울 수 있어요. 가족이나 친구 선물을 사려면 인사동에 가 보세요. 인사동에서 선물하기 좋은 4. ______________ 을/를 많이 팔거든요. 서울은 5. ______________ 이/가 편리해서 버스나 지하철을 이용하면 어디든지 쉽게 찾아갈 수 있어요. 제 인터넷 6. ______________ 에 사진이나 가는 방법이 소개되어 있으니까 보시면 도움이 될 거예요.

궁금한 게 있으면 언제든지 연락 주세요.

한국에서 재민

Grammar Exercise

1 Change the form of verbs in the box and complete each dialogue using '-던'.

타다	쓰다	입다	신다	마시다	읽다	먹다

1. 
   A 이건 뭐예요? 처음 보는 물건인데요.
   B 옛날 사람들이 ___쓰던___ 안경이에요.

2. 
   A 처음 보는 옷이네요. 새로 샀어요?
   B 새로 산 게 아니고 언니가 ________ 옷이에요.

3. 
   A 형이 ________ 자동차를 나한테 줬어.
   B 와, 좋겠다. 근데 운전면허는 언제 땄어?

4. 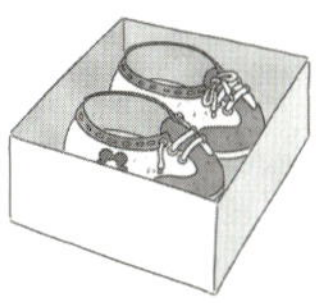
   A 엄마, 이 아기 신발은 누구 거예요?
   B 네가 어렸을 때 ________ 거야.

5. 
   A 뭐 마실 것 좀 줄까?
   B 아까 ________ 주스가 있으니까 그거 마시면 돼요.

6. 
   A 내가 ________ 책을 책상 위에 놓았는데 없어졌어요.
   B 다시 잘 찾아보세요. 가방에도 없어요?

7. 
   A 형, 조금 전에 내가 ________ 사과 버렸어?
   B 아니, 내가 먹었어.

Grammar Points

To modify a noun with a verb in the past tense, add '-던' to the verb stem and place it before the noun. It is used to show something that was done repetitively in the past or something that has begun but not finished.

2 Complete each dialogue using '-(으)ㄹ 만하다'.

> **Grammar Points**
> '-(으)ㄹ 만하다' shows that an action is worth doing. It is often used as in the form of '-아/어 볼 만하다'.

1. A 주말에 부산에 가는데 먹어 볼 만한 음식이 있을까요?
   B 생선회를 먹어 보세요. 맛도 좋고 값도 싸요.
2. A 방학에 아이들과 같이 ________(으)ㄴ 곳 좀 소개해 주세요.
   B 경주에 가 보는 게 어때요? 경치도 좋고 역사도 배울 수 있어요.
3. A 요즘 사람들이 많이 읽는 책이 뭐예요?
   B '나의 생각'이라는 책을 많이 읽는데 정말 ________아/어요.
4. A 고향에서 친구들이 왔는데 뭘 하면 좋을까요?
   B 서울타워에 가는 건 어때요? 아니면 한강에 있는 배도 ________고요.
5. A 한국 전통차 중에서 무슨 차가 ________아/어요?
   B 모과차를 마셔 보세요. 맛도 좋고 건강에도 좋아요.

3 Rewrite the sentences as shown in the example.

1. 두 달 전에 담배를 끊었어요. → 담배를 끊은 지 두 달이 됐어요.
2. 두 시간 전에 점심을 먹었어요. → ________.
3. 일주일 전에 고향에 돌아갔어요. → ________.
4. 육 개월 전부터 태권도를 배웠어요. → ________.
5. 십 년 전부터 서울에 살고 있어요. → ________.

> **Grammar Points**
> '-(으)ㄴ 지 N이/가 되다' shows that a certain amount of time has passed by since a certain action or event happened.

❹ Change the form of verbs in the box and complete each dialogue using '–아/어 보니까'.

타다	살다	쓰다	만들다	배우다	이야기하다

1. A 김밥 만들어 봤어요?

   B 네, 어려울 것 같았는데 만들어 보니까 별로 어렵지 않았어요.

2. A 주말에 부산에 갈 때 KTX를 타 봤어요.

   B 그래요? KTX를 ______ 어땠어요?

3. A 아파트로 이사한 지 벌써 1년이 됐네요.

   B 네. 그런데 아파트에 ______ 옆집 소리가 들려서 불편해요.

4. A 중국어를 배운다면서요? ______ 재미있어요?

   B 재미있지만 발음이 좀 어려워요.

5. A 어제 마이클 씨를 처음 만났지요? ______ 어때요?

   B 재미있고 성격도 좋은 사람인 것 같아요.

6. A 새로 산 노트북이 어때요?

   B ______ 괜찮은 것 같아요.

Grammar Points

'–아/어 보니까' is used to say something that the speaker became aware of through an experience.

5 **Choose the appropriate words from the box and complete the sentences as shown in the example.**

봄	언니	거짓말	그림	한국 사람

1. 엄마가 아주 젊어 보여서 언니 같아요 .
2. 겨울인데 날씨가 너무 따뜻해서 ______ .
3. 앤디 씨는 한국말을 정말 잘해서 ______ .
4. 경치가 정말 아름다워요. ______ .
5. 그 이야기가 사실이에요? ______ .

Grammar Points
'N 같다' denotes that the appearance or the character of the subject of a sentence and the noun in front of '같다' are similar.

6 **Complete each dialogue using '-(으)ㄴ/는 편이다'.**

1. A 민수 씨 방은 깨끗해요?
   B 네, 깨끗한 편이에요 .
   매일 청소하거든요.

2. A 운동 많이 해요?
   B 아니요, ______ .

3. A 새로 생긴 식당에 손님이 많아요?

B 아니요, ________________.

4. A 한국의 겨울은 많이 추워요?

B 아니요, ________________.

5. A 집이 학교에서 멀어요?

B 네, ________________.
버스로 1시간쯤 걸려요.

6. A 영화 많이 봐요?

B 네, 영화를 좋아해서
________________.

Grammar Points

'-(으)ㄴ 편이다', '-는 편이다' show that something is generally closer to one certain side.

Comprehensive Exercise

1 **Choose the appropriate words from the box and complete the sentences.**

쓰다	들다	맞다	받다

1. 들다
   ① 가방이 무거워서 __들__ 기가 힘들어요.
   ② 하숙집 아주머니한테 정이 ________ 아/어서 떠나기 싫어요.
   ③ 도시는 물건값이 비싸서 생활비가 많이 ________ 아/어요.

2. ______
   ① 이 컴퓨터 좀 ________ 아/어도 돼요?
   ② 저는 편지보다 이메일을 자주 ________ 아/어요.
   ③ 안경을 ________ 고 있는 사람이 민수 씨예요.

3. ______
   ① 남자 친구한테 생일 선물을 ________ 았/었어요.
   ② 차가 뒤에서 ________ 았/었어요.
   ③ 상을 ________ 아/어서 기뻐요.

4. ______
   ① ________ (으)면 O, 틀리면 X 하세요.
   ② 감기에 걸려서 병원에 가서 주사를 ________ 았/었어요.
   ③ 문을 안 잠그고 나가서 도둑을 ________ 았/었어요.

NEW WORDS 잠그다 to lock

❷ Choose the appropriate expressions from the box and complete the sentences.

갖고 가다	갖다 주다	갖다 드리다	데리고 가다	데려다 주다

1. 음악회에 가는데 아이를 데리고 가도 돼요?
2. 여기 서울아파트 1동 305호인데요. 비빔밥 세 그릇을 1시까지 ________ (으)세요.
3. 내 차에 타. 내가 지하철역까지 ________ (으)ㄹ게.
4. 저는 사진 찍는 걸 좋아해서 여행 갈 때 꼭 카메라를 ________ 아/어요.
5. 지난주에 김 선생님한테 이 책을 빌렸는데 오늘까지 ________ 아/어야 돼요.

❸ Connect the question on the left with the most appropriate response.

1. 회사 들어간 지 얼마나 됐어요? • • ① 아직 모르는 게 많아서 힘들어요.
2. 회사 생활을 해 보니까 어때요? • • ② 2년 됐어요.
3. 일이 많은 편이에요? • • ③ 아니요, 조금 먼 편이에요.
4. 회사는 집에서 가까워요? • • ④ 네. 그래서 야근을 자주 해요.
5. 출퇴근은 어떻게 해요? • • ⑤ 형이 쓰던 차를 타고 다녀요.

4 Complete the sentences using '-(으)ㄴ', '-는', '-(으)ㄹ' or '-던'.

1. 어제 ____만난____ 친구한테서 전화가 왔어요. (만나다)
2. 지금 ________ 영화는 만든 지 오래된 영화예요. (보다)
3. 다음 주부터 ________ 공예품들은 모두 학생들이 만든 것입니다. (전시되다)
4. 아까 ________ 빵이 없어졌어요. 아직 다 안 먹었는데……. (먹다)
5. 이번 방학에 아르바이트를 ________ 계획이야. (하다)
6. 지금 저기 ________ 사람이 영수 씨예요? (오다)
7. 숙제를 안 ________ 사람은 내일까지 꼭 내세요. (가져오다)
8. 형이 새 컴퓨터를 사서 ________ 컴퓨터를 나한테 줬어. (쓰다)

5 Read the following and mark "O" if the statement is true and "X" if the statement is false.

> # 아 나 바 다
>
> **아**껴 쓰고, **나**눠 쓰고, **바**꿔 쓰고, **다**시 쓰자!
> 집에서 쓰지 않는 물건을 싸게 팔거나 다른 사람과 바꿔 쓸 수 있습니다.
> 입던 옷, 타던 자전거, 읽던 책, 쓰던 그릇 등 무엇이든지 좋습니다.
> 한 달에 한 번 이웃과 함께 하는 환경 사랑.
> 돈도 아끼고, 환경도 생각하는 좋은 기회가 될 것입니다.
> 남자, 여자, 아이, 어른 모두가 함께 나누는 행사가 되기를 바랍니다.
>
> 장소: 서울공원
> 일시: 5월 19일(토) ~ 20일(일) 오전 9:00 ~ 오후 6:00

1. 이 행사는 주말마다 학교 운동장에서 한다. (　　)
2. 옛날 사람들이 쓰던 물건이 전시될 것이다. (　　)
3. 이 행사에서는 누구나 물건을 사거나 팔 수 있다. (　　)

NEW WORDS 나누다 to share

6 Read the following and fill in the table as shown in the example.

이 집은 1년밖에 안 돼서 깨끗해요. 창문도 커서 밝고요. 집 뒤에 산이 있어서 공기도 좋고 운동하기 좋을 것 같아요. 학교에서 조금 먼 편이지만 조용해서 정말 마음에 들어요.

이 집은 지하철역이 가까워서 교통이 편리해요. 길에 차도 많고 사람도 많아서 조금 시끄러울 것 같지만 집 근처에 먹을 만한 식당도 많고, 가 볼 만한 곳도 많아요. 방이 좀 작고 집값이 비싼 편이지만 생활하기 편할 것 같아요.

	좋은 점	나쁜 점
	깨끗하다	
		시끄럽다

7 Listen carefully and choose the correct answer. 23

1. 남자는 누구와 이야기하고 있습니까?

   ① 케이팝 가수　　② 한국에 여행 온 외국인　　③ 한국어를 배우는 외국인

2. 맞는 것을 고르세요.

   ① 여자는 3개월 전에 한국에 왔다.

   ② 여자는 케이팝 가수의 콘서트에 왔다.

   ③ 여자는 한국 음식을 별로 안 좋아하는 편이다.

8 Listen carefully and answer the questions. 24

1. 맞는 그림과 연결하세요.

① 마이클	② 리에	③ 앤드류
•	•	•
•	•	•
ⓐ	ⓑ	ⓒ

2. 맞으면 O, 틀리면 X 하세요.

   ① 두 사람은 전에 같은 회사에 다녔다. (　　　)

   ② 다나카는 친구들의 소식을 잘 알고 있다. (　　　)

   ③ 애니는 친구들을 못 만난 지 5년이 됐다. (　　　)

NEW WORDS 케이팝 K-POP

9 Listen carefully and answer the questions. (25)

1. 다음 중 80년대에 유행하던 것을 모두 고르세요.

2. 맞는 것을 고르세요.

① 딸은 엄마가 입던 옷을 좋아한다.

② 엄마는 옛날에 입던 옷을 가지고 있다.

③ 엄마는 딸의 사진을 보면서 이야기하고 있다.

UNIT 9

여행 Travel

Vocabulary Exercise

1 Choose the appropriate word for each definition.

지도	환전	세수	등반	여권	한옥	성수기

1. ________ 한국의 전통 집
2. ________ 산에 올라가는 것
3. ________ 길을 모를 때 보는 것
4. ________ 손이나 얼굴을 씻는 것
5. ________ 돈을 다른 나라의 돈으로 바꾸는 것
6. ________ 사람들이 어떤 물건이나 서비스를 많이 이용하는 기간
7. ________ 외국을 여행하는 사람의 이름이나 국적 등을 알려 주는 서류

2 Fill in the blanks with the correct word.

기간	계단	고생	곳	배낭여행	성공	소설책

1. 전 대학교 때 혼자 인도로 ________ 을/를 떠난 적이 있어요.
2. 그 사업가는 학교에 다니지 않았지만 사업에 ________ 을/를 해서 부자가 되었대요.
3. 휴가 ________ 은/는 7월 29일부터 8월 2일까지예요.
4. 불이 났을 때에는 위험하니까 엘리베이터를 타지 말고 ________ (으)로 내려가세요.
5. 등산을 갔는데 날씨가 나빠서 ________ 을/를 많이 했어요.
6. 인사동은 외국 사람들이 물건을 사러 많이 가는 ________ 이에요/예요.
7. 기차 안에서 심심할 때 읽으려고 ________ 을/를 가져왔어요.

③ Change the form of verbs in the box and complete the sentences.

놓치다	서두르다	깨다	부딪치다	추천하다	펴내다	보존되다

1. A 아이와 여행 가기 좋은 곳 좀 ____________ 아/어 주세요.

   B 경주가 어떨까요? 경치도 좋고, 역사도 배울 수 있어요.

2. A 왜 이렇게 늦었어요?

   B 기차를 ____________ 아/어서 다음 기차를 타고 오느라고 늦었어요.

3. A 형, 엄마 기분이 안 좋아 보이네.

   B 나 때문이야. 엄마가 좋아하는 컵을 ____________ 았/었거든.

4. A 지금 가고 있는데 길이 막혀서 조금 늦을 것 같아요. 미안해요.

   B 괜찮아요. 아직 시간 있으니까 ____________ 지 말고 천천히 오세요.

5. A 여기에 있는 집들은 모두 500년이 넘었대요.

   B 와, 500년이 넘었는데 잘 ____________ 아/어 있네요.

6. A 왜 그래요? 팔이 아파요?

   B 아까 문에 ____________ 았/었는데 조금 아프네요.

Grammar Exercise

1 Complete each dialogue using '-(으)ㄹ까 하다'.

> **Grammar Points**
> '-(으)ㄹ까 하다' is added to a verb stem to show that someone has the intention to do a certain action though not decided yet.

1. A 주말 계획 세웠어요?

   B 네, 야구 구경 갈까 해요. (야구 구경 가다)

2. A 방학에 뭐 하려고 해요?

   B ______________. (운전면허를 따다)

3. A 취직해서 처음 월급을 받으면 뭐 할 거예요?

   B ______________. (가족들 선물을 사다)

4. A 여름휴가 때 어디에 갈 거예요?

   B ______________. (제주도를 여행하다)

5. A 저녁을 어디에서 먹을 거예요?

   B ______________. (그냥 집에서 먹다)

6. A 회사를 그만두면 뭐 하려고 해요?

   B ______________. (시골에 가서 살다)

❷ Connect the two sentences using '-(으)ㄹ 테니까'.

1. 오후에 비가 올 거예요. + 우산을 갖고 가세요.
   → 오후에 비가 올 테니까 우산을 갖고 가세요.

2. 시험이 어려울 거예요. + 열심히 공부합시다.
   → ______________________.

3. 수요일에는 시간이 없을 거예요. + 금요일에 만납시다.
   → ______________________.

4. 내일 날씨가 추울 거예요. + 옷을 따뜻하게 입으세요.
   → ______________________.

5. 금방 갈게요. + 잠깐만 기다려 주세요.
   → ______________________.

6. 내가 도와줄게요. + 걱정하지 마세요.
   → ______________________.

7. 내가 영화 표를 살게. + 너는 밥을 사.
   → ______________________.

8. 내가 음식을 만들게요. + 웨이 씨는 청소를 좀 해 주세요.
   → ______________________.

Grammar Points

'-(으)ㄹ 테니까' denotes the speaker's will or strong supposition. Suggestions or orders usually come in the following clause.

- If the subject is the first person in the preceding clause, '-(으)ㄹ 테니까' shows the speaker's will of a certain action.
- If the subject is not the first person in the preceding clause, '-(으)ㄹ 테니까' shows the speaker's strong supposition.

③ Change the form of verbs in the box and complete each dialogue using '–(으)ㄹ 뻔하다'.

늦다	다치다	나다	잊어버리다	잃어버리다

1. A 어제 공사하는 곳 아래를 지나가는데 위에서 나무가 떨어졌어요.
   B 어머, 그래서 다쳤어요?
   A 아니요, 다칠 뻔했어요.

2. A 오늘 비가 많이 와서 교통사고가 많이 났대.
   B 맞아. 나도 퇴근할 때 비 때문에 앞이 안 보여서 사고가 ________ 았/었어.

3. A 수업 끝나고 서두르다가 교실에 핸드폰을 놓고 왔어.
   B 그래서 핸드폰을 잃어버렸어?
   A 아니, ________ (으)ㄴ/는데 친구가 내 핸드폰을 보고 나한테 갖다 줬어.

4. A 마이클, 오늘 3시에 친구 만난다고 했잖아. 지금 2시 45분이야.
   B 아, 맞다. 고마워. 약속을 ________ 았/었어.

5. A 오늘 아침에 알람 시계가 고장 나서 8시 30분에 일어났어.
   B 그래서 회사에 지각했어?
   A 아니, ________ (으)ㄴ/는데 출근 시간 1분 전에 도착했어.

Grammar Points

'–(으)ㄹ 뻔하다' is added to a verb stem and shows that something almost happened, though it did not actually happen. It is usually used in the form of '–(으)ㄹ 뻔했다'.

4 Complete each dialogue using '–다가'.

1. A 왜 밥이 남았어요? 맛이 없었어요?

   B 아니에요. 밥을 먹다가 전화를 받느라고 못 먹었어요.

2. A 어제 영화 보러 극장에 갔다면서? 영화 재미있었어?

   B 아니, 재미없어서 영화를 ______________ 그냥 나왔어.

3. A 아이가 왜 울고 있어요?

   B ______________ 무서운 꿈을 꿨대요.

4. A 왜 숙제를 못했어요?

   B 어제 너무 피곤해서 ______________ 잤어요.

5. A 수미는 어디에 갔어?

   B 불고기를 ______________ 설탕이 없어서 가게에 갔어.

6. A 선생님이 왜 화가 나셨어?

   B 내가 야구를 ______________ 창문을 깼거든.

7. A 병원에 갔다 왔다면서?

   B 응, 스케이트를 ______________ 넘어져서 팔을 좀 다쳤어.

8. A 기침을 하네요.

   B 네, 추운데 밖에서 수영을 ______________ 감기에 걸렸어요.

Grammar Points

'–다가' is added to a verb stem and shows that a certain action or status is changed to another action or status. It also denotes that the preceding action or status is the reason for the negative situation that happens afterwards.

5 Complete the sentences using '-자마자'.

마이클 씨는 8시에 퇴근을 해요. 1. 퇴근하자마자 집에 가요. 날씨가 더워서 집에 2. ______ 샤워를 해요. 저녁은 보통 집에서 먹는데 8시가 넘으면 배가 고파서 3. ______ 밥을 먹어요. 요즘 일이 많아서 4. ______ 컴퓨터를 켜요. 이메일도 확인하고, 보고서도 써요.

Grammar Points
'-자마자' is added to a verb stem and shows that as soon as a certain situation occurs, another situation occurs.

6 Complete the sentences using '-았/었던'.

이 사람은 일본에 여행 갔을 때 1. 만났던 친구예요. 지금도 연락하고 있어요.

베트남에 갔을 때 2. ______ 모자예요. 날씨가 더울 때 쓰면 아주 좋아요.

이 사진은 프랑스에 갔을 때 3. ______ 사진이에요. 여기가 에펠탑이에요.

이건 터키에 여행 갔을 때 4. ______ 목걸이인데 돌로 만든 거예요.

이탈리아에서 5. ______ 스파게티를 또 먹고 싶어요. 정말 맛있었거든요.

Grammar Points
To modify a noun with a verb or adjective in the past tense, add '-았/었던' to the verb or adjective stem and place it before the noun. It is used to recall an event, an action, or a status that was completed in the past.

Comprehensive Exercise

1 **Change the form of verbs in the box and complete each dialogue.**

반하다	세우다	나다	끌다	나누다	낳다

1. A 휴가 계획은 __________ 았/었어요?
   B 네, 이번 여름에는 제주도에 갈까 해요.

2. A 그 얘기 들었어요? 지영 씨가 얼마 전에 예쁜 딸을 __________ 았/었대요.
   B 아, 그래요?

3. A 왜 이렇게 늦었어?
   B 오랜만에 친구를 만나서 이야기를 __________ 다가 약속 시간을 잊어버렸어.

4. A 앤드류 씨는 왜 한국에 살게 되었어요?
   B 방학 동안 배낭여행을 하면서 한국의 자연에 __________ 았/었거든요.

5. A 운전하면서 핸드폰을 보다가 사고가 날 뻔했어요.
   B 그래요? 큰일이 __________ (으)ㄹ 뻔했군요. 조심하세요.

2 Choose the correct one.

1. 아까 내가 (읽던 / 읽었던) 신문 못 봤어? 아직 다 못 읽었는데…….
2. 토니 씨는 지난번에 같이 여행 (가던 / 갔던) 사람이에요.
3. 내가 (마시던 / 마셨던) 커피가 없어졌어. 마시다가 창문 옆에 놓았는데 안 보이네.
4. 지난주에 (배우던 / 배웠던) 문법을 벌써 잊어버렸어.
5. 내가 (먹던 / 먹었던) 빵 어디 갔지? 배고플 때 먹으려고 책상 위에 놓았는데…….
6. A 예술의 전당이라는 곳을 아세요?

   B 네, 지난달에 공연 보러 (가던 / 갔던) 곳이에요.
7. A 너 혹시 김민수 씨 알아?

   B 응, 친구가 소개해 줘서 한 번 (만나던 / 만났던) 사람이야.

3 Choose the correct one.

1. 횡단보도를 (□ 건너서 / □ 건너다가) 오른쪽으로 가면 은행이 있어요.
2. 어젯밤에 숙제를 (□ 해서 / □ 하다가) 잤어요.
3. 극장에 (□ 가서 / □ 가다가) 영화를 봤어요.
4. 회사에 (□ 다녀서 / □ 다니다가) 그만두었어요.

5. 불고기를 ☐ 만들어서 ☐ 만들다가 친구하고 같이 먹었어요.

6. 신청서를 ☐ 작성해서 ☐ 작성하다가 사무실에 제출하세요.

4 Choose the appropriate words and complete the sentences as shown in the example.

수영하다	설거지하다	죽다	부딪치다
자다	타다	요리하다	놓치다	나다	깨다

1.  수영하다가 바다에서 죽을 뻔했어요 .

2.  자전거를 ________ 나무에 ________ .

3. 

늦게까지 ________ 비행기를 ________ .

4.  ________ 미끄러워서 그릇을 ________ .

5.  ________ 불이 ________ .

5 Find the most suitable response from the box below and fill in the blanks.

남편을 처음 만났던 곳이거든요.	제가 빌려줄 테니까 걱정하지 마세요.
이번 학기가 끝나자마자 혼자 배낭여행을 떠나려고 해요.	앞으로 쭉 가다가 사거리에서 오른쪽으로 돌아가세요.
제주도로 갈까 해요. 친구가 좋다고 해서요.	비행기를 놓칠 뻔했어요.

1. A 내일 여행 가는데 카메라가 고장 났어요.
   B 제가 빌려줄 테니까 걱정하지 마세요.

2. A 신혼여행은 어디로 갈 거예요?
   B ______

3. A 서울은행에 어떻게 가요?
   B ______

4. A 방학 계획은 세웠어요?
   B ______

5. A 결혼기념일마다 제주도에 가요?
   B ______

NEW WORDS 결혼기념일 wedding anniversary

❻ Read the following and check "T" for true and "F" for false.

민수에게

난 지금 터키에 있어. 지난주까지 이집트를 여행하다가 월요일에 터키에 왔어. 서울 날씨는 어때? 여기는 낮에는 조금 더운 편이지만 아침과 저녁에는 시원해서 걸어다니기 좋아. 어제는 터키 박물관에서 일본 친구를 만났어. 전에 서울대에서 같이 공부했던 친구인데 터키에서 만나니까 정말 반가웠어. 커피숍에서 그 친구하고 이야기하다가 기차를 놓칠 뻔했어. 일주일 정도 터키를 구경한 후에는 인도로 갈까 해. 서울에 돌아가면 연락할 테니까 만나서 이야기하자.

터키에서 마이클

보내는 사람

마이클

받는 사람

서울시 관악구 대학동
서울대학교 기숙사 137동 101호

김민수

	T	F
1. 마이클은 지금 이집트를 여행하고 있다.	☐	☐
2. 마이클은 어제 박물관에 갔다.	☐	☐
3. 마이클은 친구와 이야기하다가 기차를 놓쳤다.	☐	☐
4. 마이클은 일주일 후에 서울로 돌아가려고 한다.	☐	☐

7 Listen carefully and answer the questions. 26

1. 내일 날씨는 어떻습니까?

   ① 맑다. ② 흐리다. ③ 비가 온다.

2. 맞는 것을 고르세요.

   ① 요즘 감기가 유행이다.

   ② 주말에는 비가 오고 흐릴 것이다.

   ③ 날씨가 더워서 외출하는 것이 좋지 않다.

8 Listen carefully and check the appropriate boxes below. 27

여행지	부산 □ 제주도 □ 일본 □
기간	2박 3일 □ 3박 4일 □ 4박 5일 □
교통	고속버스 □ KTX □ 비행기 □
숙박	민박 □ 여관 □ 호텔 □
준비할 것	지도 □ 노트북 □ 카메라 □ 알람 시계 □ 전자사전 □ 소설책 □ 수영복 □

NEW WORDS

숙박 accommodations

9 Listen carefully and answer the questions. 28

1. 지금 무엇을 하고 있습니까?

①

②

③

2. 맞는 않는 것을 고르세요.

① 김민수 씨는 대학교 때 배낭여행을 간 적이 있다.

② 김민수 씨는 가방을 잃어버린 사람을 도와준 적이 있다.

③ 김민수 씨는 여행지에서 아팠을 때 만난 간호사와 결혼했다.

Listening Transcript 듣기 지문

UNIT 1 Appearance and Personality p.19

8. Listen carefully and choose the correct answer.

1. 여자: 이거 재민 씨 어렸을 때 사진이에요?
   남자: 네. 초등학교 때 친구들하고 관악산에 가서 찍은 사진이에요.
   여자: 여기 동그란 얼굴에 모자 쓰고 있는 아이가 재민 씨죠? 너무 귀여워 보여요.
   남자: 하하. 그 아이는 제가 아닌데요. 저는 그 옆에 가방을 메고 있는 아이예요.
   여자: 어? 재민 씨, 어렸을 때 눈이 나빴어요? 안경을 쓰고 있네요.
   남자: 네. 지금은 렌즈를 끼고 있지만 어렸을 때는 안경을 썼어요.

2. 남자: 사진 잘 나왔는데요. 스카프가 미나 씨한테 잘 어울려요.
   여자: 고마워요. 지난주에 친구들 만나서 한 장 찍었는데 저도 마음에 들어요.
   남자: 그런데 혹시 여기 머리띠 하고 있는 친구는 남자 친구 있어요? 없으면 소개 좀 해 주세요. 웃는 얼굴이 정말 예쁘네요.
   여자: 아, 눈이 크고 동그란 이 친구요?
   남자: 아니요. 그 친구가 아니고 귀걸이를 하고 있는 여기 이 친구요.
   여자: 알겠어요. 한번 물어볼게요. 크리스 씨하고 잘 어울릴 것 같네요.

9. A husband and wife are talking about their son. What kind of person is their son? Listen carefully and choose all.

여자: 여보, 이제 우리 아이도 학교에 가야 하는데 성격이 너무 내성적이라서 걱정이야. 학교에 가서 친구들과 잘 지낼 수 있을까?
남자: 민수가 활발한 아이는 아니지만 괜찮을 거야. 그리고 민수처럼 말이 없는 아이보다는 화를 잘 내는 아이나 다른 아이들과 자주 싸우는 아이가 더 문제라고 생각하는데.
여자: 맞아. 우리 민수는 착해서 다른 아이들과 잘 싸우지는 않아. 처음 만난 사람과 친해질 때까지 시간이 좀 걸려서 그렇지.
남자: 우리 아들은 잘할 거야. 너무 걱정하지 마.

10. Listen carefully and choose the correct answer.

앵커: 요즘 스포츠 스타들의 인기가 유명 가수나 영화배우보다 더 높은 것 같습니다. 스포츠 스타들이 나오는 경기는 한 달 전부터 표가 다 팔리고 그들의 패션도 인기라고 하는데요. 김태진 기자가 명동에 나가 있습니다. 김태진 기자!
기자: 네. 저는 명동 거리에 있는 한 전자 제품 가게에 나와 있습니다. 지금 보시는 이 헤드셋은 한 유명 수영 선수가 올림픽 때 쓰고 나와서 요즘 유행하고 있는데요. 다른 헤드셋보다 값은 조금 비싸지만 학생들에게 큰 인기라고 합니다. 또 제가 신고 있는 이 운동화는 얼마 전 유명 골프 선수가 인터뷰 때 신고 나와서 사람들의 큰 사랑을 받고 있습니다. 없어서 못 판다고 하니까 그 인기가 정말 뜨겁다고 할 수 있습니다. 이처럼 스포츠 스타들의 헤드셋이나 운동화가 잘 팔리는 이유는 그 스타를 닮고 싶은 사람들의 마음 때문이라고 할 수 있을 겁니다. 지금까지 MBS 김태진이었습니다.

UNIT 2 Convenient Life p.31

8. A man is talking about his digital camera, the Miracle100. What kind of camera is it? Listen carefully and check the appropriate boxes below.

남자: 사람들은 왜 카메라를 살까요? 카메라를 사는 사람들은 크게 두 종류가 있습니다. 좋은 사진을 찍으려고 카메라를 사는 사람들, 예쁜 카메라를 갖고 싶어서 카메라를 사는 사람들. 새로 나온 디지털 카메라 '미라클100'은 이런 사람들 모두의 마음에 드는 카메라입니다.

디지털 카메라를 고를 때 가장 중요한 것은 화질이지요? '미라클100'으로 찍은 사진은 화질이 좋습니다. 차를 타고 가면서 찍은 사진도 화질이 깨끗합니다. 인터넷이 가능한 곳에서는 찍은 사진을 바로 메일로 보낼 수 있어서 사진을 급하게 보내야 될 때 아주 편리합니다.

또 '미라클100'은 예쁩니다. 크기가 작고 가벼워서 한 손에 들고 다니면서 쉽게 사진을 찍을 수 있습니다. 그래서 여행하면서 사진 찍는 것을 좋아하는 여자 분들께 '미라클100'은 최고의 카메라가 될 것입니다.

9. Listen carefully and choose the correct answer.

남자: 엄마! 지난번에 컴퓨터 배우고 싶다고 하셨잖아요. 서울백화점 문화 센터에서 엄마처럼 컴퓨터와 인터넷을 사용할 줄 모르는 어른들께 사용 방법을 가르쳐 준다고 하는데 한번 가 보시지 그래요?
여자: 정말? 그런데 나는 컴퓨터 켤 줄도 모르잖아.
남자: 바로 엄마처럼 컴퓨터를 전혀 모르는 분들이 듣는 수업이에요.
여자: 그래? 정말 나처럼 전혀 모르는 사람도 들을 수 있어?
남자: 네. 컴퓨터 할 줄 아시면 편리한 게 정말 많아요. 엄마 미국에 사시는 친구 있잖아요. 그분께 전화할 때 인터넷을 사용하면 무료로 통화할 수 있어요. 이메일도 보내고 사진도 주고받을 수 있고요.
여자: 그냥 네가 가르쳐 주면 되잖아.
남자: 전에 제가 엄마 운전 가르쳐 드렸을 때 생각해 보세요. 그때 저하고 자주 싸우셨잖아요. 그렇지만 나중에 운전 학원에서 배우시면서 학원 선생님이 저보다 더 친절하게 잘 가르쳐 준다고 하셨잖아요.
여자: 맞아. 너보다 문화 센터에서 배우는 게 좋을 것 같아.
남자: 그런데 등록이 오늘까지네요. 지금 저하고 같이 가 보시는 게 어때요?
여자: 그럴까?

10. Listen carefully and answer the questions.

남자: 지영 씨, 혹시 로봇 청소기 사용해 본 적 있어요?
여자: 네. 작년에 사서 잘 쓰고 있어요. 왜요?
남자: 하나 사려고 하는데 인터넷 보니까 편하다고 하는 사람도 있고 필요 없다고 하는 사람들도 있어서요. 어때요? 있으니까 편해요?
여자: 그럼요. 무거운 청소기 들고 움직이지 않아도 되니까 정말 편리해요.
남자: 청소는 깨끗하게 돼요?
여자: 아직 사람이 직접 청소하는 것처럼 깨끗하지는 않아요. 시간도 많이 걸리고요.
남자: 얼마나 걸리는데요?
여자: 작은 방 하나 청소하는 데 30분 정도 걸리는 것 같아요. 그래서 로봇청소기가 청소하는 걸 보고 있으면 좀 답답해요.
남자: 하하. 저처럼 성격이 급한 사람은 사용하면 안 될 것 같은데요.
여자: 외출할 때 사용하면 되잖아요. 민수 씨 집에서 제일 나중에 나가는 사람이 로봇 청소기를 켜고 나가면 돼요. 그러면 로봇 청소기가 혼자 여기 저기 돌아다니면서 청소하니까 집에 돌아오면 집이 깨끗해서 정말 좋을 거예요.
남자: 가격은 얼마 정도예요?
여자: 여러 가지가 있어요. 처음 나왔을 때 아주 비쌌는데 요즘은 사는 사람들이 많아져서 좀 싸졌어요. 다른 일을 하면서 청소도 할 수 있으니까 하나 사면 좋을 것 같아요.
남자: 지영 씨 이야기를 들으니까 정말 사고 싶어지네요. 지영 씨가 전자 제품 팔면 잘 팔 것 같은데요.
여자: 그래요? 하하.

UNIT 3 Incidents and Accidents p.48

8. Listen carefully and choose the corresponding picture.

경찰: 안녕하십니까? 경찰입니다. 조금 전에 신고하셨지요?
여자: 네, 제가 신고했어요.
경찰: 아주머니는 여기에 사십니까?
여자: 아니요. 저는 옆집에 사는데 이 집에서 이상한 소리가 나서 무슨 일인지 알아보려고 왔어요. 그런데 창문이 모두 열려 있었어요.
경찰: 이상한 사람은 없었습니까?
여자: 이 집에 사는 남자가 침대 위에 누워 있고, 그 옆에 컵이 놓여 있었어요. 그리고 책상 위에 가방이 열려 있었고요.
경찰: 네, 알겠습니다. 감사합니다.

9. Listen carefully and choose the correct answer.

1. 남자: 재민 씨는 여행에서 내일 돌아오지요? 여행이 재미있대요?
여자: 네. 여행은 잘했는데 같이 간 친구가 교통사고가 났대요.
남자: 네? 어떻게 사고가 났대요?
여자: 길을 걷고 있는데 뒤에서 차가 받았대요.
남자: 많이 다쳤대요?
여자: 병원에 갔는데 괜찮다고 했대요. 그래도 한국에 오면 다시 병원에 가 봐야 할 것 같대요.

2. 남자: 감사합니다. 서울식당입니다.
여자: 제 친구가 외국 사람인데 그 식당에서 밥을 먹고 가방을 놓고 왔대요.
남자: 가방을 어디에 두셨는데요?
여자: 의자 위에 두고 온 것 같대요.
남자: 가방이 무슨 색깔인지 아세요?
여자: 까만색 가방이래요.
남자: 그 안에 뭐가 들어 있는지 아세요?
여자: 노트북하고 지갑, 그리고 책이 들어 있대요. 그런 가방이 있는지 알아봐 주세요.
남자: 네, 잠깐만요. 아, 여기 가방이 있네요. 오셔서 찾아 가세요.

3. 여자: 여보세요. 민수 씨.
남자: 응. 기차 타고 오고 있지? 몇 시쯤 도착해?
여자: 아니. 아직 출발 못했어. 선로를 점검해야 돼서 출발이 늦어진대.
남자: 뭐? 그럼 몇 시에 출발한대?
여자: 한 시간쯤 후에 출발한대.
남자: 그럼 버스를 타고 오는 게 어때?
여자: 나도 그렇게 하는 게 좋을 것 같아. 버스터미널에 도착하고 나서 다시 전화할게.

10. Listen carefully and choose the correct answer.

여자: 영국의 어느 대학에서 재미있는 실험을 했대요.
남자: 어떤 실험을 했는데요?
여자: 지갑 안에 여러 가지 사진을 넣고 길에 두었을 때 어떤 지갑이 제일 많이 주인에게 돌아오는지 비교했대요.
남자: 여러 가지 사진요? 어떤 사진을 넣었대요?
여자: 강아지 사진, 가족사진, 부부 사진, 아기 사진을 넣은 지갑 여러 개를 길에 두었대요.
남자: 지갑에 돈도 들어 있었대요?
여자: 아니요. 돈은 들어 있지 않았대요. 그런데 어떤 지갑이 제일 많이 돌아왔는지 아세요?
남자: 글쎄요. 잘 모르겠는데요.
여자: 아기 사진이 들어 있는 지갑이 제일 많이 돌아왔대요. 그 다음은 강아지 사진이 들어 있는 지갑이고, 제일 조금 돌아온 것은 부부 사진이 있는 지갑이었대요.
남자: 그래요? 지금 내 지갑에는 여자 친구 사진이 들어 있는데 아기 사진으로 바꿔야 될 것 같네요.
여자: 그러면 여자 친구가 화 낼 것 같은데요.

UNIT 4 Dream and Reality p.63

7. Listen to the conversation and mark “O” if the statement is true and “X” if the statement is false.

남자: 수지야, 재민이 알지? 아빠 친구 아들.
여자: 그럼요. 어렸을 때 몇 번 본 적 있잖아요. 수영장에도 같이 가고.
남자: 재민이도 아직 여자 친구가 없다고 하는데 한번 만나 보지 않을래?
여자: 네? 재민 오빠를요?
남자: 아빠는 우리 수지가 일 열심히 하는 것도 좋지만 빨리 결혼해서 행복하게 살았으면 좋겠어. 예쁜 아이도 낳고. 그런데 넌 결혼에는 별로 관심이 없어 보이니…….
여자: 아빠! 저 다음 주에 출장도 가야 되고 요즘 좀 바빠요. 출장 갔다 와서 생각해 볼게요. 그리고 지금 나가 봐야 돼요. 공연 시간에 늦을 것 같아요. 갔다 올게요.

8. Listen carefully and match each person with his or her childhood dream.

미사코: 웨이 씨는 어렸을 때 뭐가 되고 싶었어요? 노래하는 걸 좋아하니까 혹시 가수?
웨이: 아니요. 선생님이 되고 싶었어요. 선생님은 시험을 안 보잖아요. 어렸을 때는 그게 얼마나 부러웠는데요.
미사코: 하하. 웨이 씨 말이 맞네요. 그런데 지금도 선생님이 되고 싶어요?

웨이: 아니요. 지금은 미사코 씨처럼 멋진 기자가 되고 싶어요. 텔레비전에 나오는 미사코 씨가 얼마나 멋있어 보이는데요. 참, 크리스 씨도 어렸을 때 기자가 되고 싶었다면서요?

크리스: 네. 지금은 식당에서 일하고 있지만 어렸을 때는 기자가 되는 게 꿈이었어요. 그런데 미사코 씨는 어렸을 때부터 기자가 되는 게 꿈이었어요?

미사코: 아니요. 저는 여행사에 취직해서 여기저기 구경 다니고 싶었어요. 돈도 벌고 여행도 다니고 정말 좋을 것 같지 않아요?

9. Listen carefully and choose the correct answer.

여자: 재민아, 나 어젯밤에 이상한 꿈을 꿨어. 수업 끝나고 나서 집에 돌아왔는데 우리 집이 불에 타고 있는 거야. 너무 놀라서 119에 전화하려고 하는데 엄마가 깨웠어. 이거 안 좋은 꿈이지?

남자: 소방관이 와서 불을 껐어?

여자: 아니, 끄려고 하는데 잠에서 깼어.

남자: 그럼 좋은 꿈이야.

여자: 정말? 꿈속에서 얼마나 무서웠는데.

남자: 집에 불이 나는 꿈은 돈이 생기거나 사업이 잘되는 꿈이야. 불이 꺼졌으면 좋은 꿈이 아니지만 불이 난 것만 봤으니까 분명히 좋은 꿈이야. 돼지꿈처럼 좋은 꿈이니까 걱정하지 마.

여자: 네 말을 들으니까 마음이 좀 편해진다. 고마워.

남자: 넌 좋겠다! 그런 꿈도 꾸고. 혹시 길에서 돈 가방을 줍는 거 아냐? 아니면 복권을 한 장 사 보지 그래?

여자: 글쎄. 난 우선 도서관부터 갈래. 내일 중요한 시험이 있는데 아직 준비를 못했어. 그냥 네 말처럼 좋은 일이 생겼으면 좋겠다.

UNIT 5 Mistakes and Regrets p.77

7. Listen carefully and check the correct answer.

1. 남자: 웨이 씨, 또 지각이네요. 요즘 지각을 너무 자주 하는데요. 집이 회사에서 멀어요?

여자: 아니요. 집은 가까운데 아침에 일어나기가 너무 힘들어요. 밤에 잠도 잘 못 자고 아침에 일어나면 너무 피곤해요.

남자: 요즘 무슨 걱정 있어요?

여자: 아니요. 특별한 일도 없는데 왜 잠을 잘 못 자는지 저도 잘 모르겠어요.

2. 여자: 민수 씨, 점심 먹으러 안 가요? 아직 안 먹었으면 같이 가요.

남자: 아니에요. 먼저 가세요. 저는 이따가 먹을게요.

여자: 보고서 때문에 그래요? 아무리 바빠도 점심은 먹고 하지 그래요? 보고서는 빨리 먹고 와서 쓰고요.

남자: 보고서는 벌써 다 썼는데 회의 준비를 해야 돼서 시간이 없어요. 아침에 부장님이 말씀하셨는데 제가 깜빡 잊어버렸거든요.

3. 남자: 수지 씨, 버스 왔어요. 빨리 가요.

여자: 잠깐만요. 아까 집에서 나올 때 창문을 안 닫은 것 같아요. 맞아요. 서둘러서 나오느라고 안 닫았어요. 일기 예보에서 오늘 비 온다고 했는데 어떡하지요?

남자: 지금 집에 갔다 올 수는 없잖아요. 그냥 잊어버려요. 저 버스 못 타면 오늘 지각이에요.

여자: 알겠어요. 빨리 가요.

8. Minji's mother called on her daughter's teacher to seek his advice. What is she worried about? Check the appropriate boxes below.

선생님: 어서 오세요. 민지 어머니. 여기 앉으세요.

어머니: 안녕하세요? 선생님. 전화로 말씀드린 것처럼 민지 때문에 선생님하고 얘기를 좀 하고 싶어서요.

선생님: 민지는 학교에서 친구들하고도 잘 지내고 수업도 열심히 듣는데 집에서 무슨 문제가 있습니까?

어머니: 요즘 저하고 얘기를 전혀 안 해요. 집에 들어오면 방에 들어가서 나오지도 않고요. 밥 먹을 때만 잠깐 얼굴을 보는데 너무 걱정이 돼서요.

선생님: 민지가 이제 어머니보다는 친구들과 더 많은 시간을 보낼 때잖아요. 무슨 문제가 있어서가 아니고 민지 나이에는 자연스러운 일이에요.

어머니: 그러면 다행이고요. 사실 민지가 어렸을 때는 제가 일하느라고 바빠서 얘기할 시간이 별로 없었거든요. 그래서 요즘 얘기를 많이 하려고 하는데 민지가 제 마음을 너무 몰라요.

선생님: 너무 걱정하지 마세요. 제가 이따가 민지하고 한번 얘기해 볼게요.

9. Listen carefully and choose the correct answer.

남자: 지영 씨, 요즘 뭐 하느라고 그렇게 바빠요? 얼굴 보기가 힘드네요.
여자: 요즘 운전 연습을 하고 있거든요. 오늘도 이따가 연습하러 가 봐야 돼요.
남자: 운전 연습요? 그럼 운전 학원에 다녀요?
여자: 아니요. 한 달 전부터 시간 있을 때마다 남자 친구가 가르쳐 주고 있어요. 그런데 그냥 모르는 사람한테 배우는 게 더 좋은 것 같아요.
남자: 왜요?
여자: 운전 연습보다 남자 친구 때문에 더 스트레스를 받거든요. 연습하면서 자꾸 목소리가 커지고 목소리가 커지니까 화가 나고, 마지막에는 항상 싸우고 헤어져요. 그냥 운전 학원에 다녔어야 됐는데…….
남자: 하하. 그건 지영 씨 말이 맞아요. 저도 전에 동생한테 운전을 가르쳐 준 적이 있는데 그때 정말 많이 싸웠거든요.
여자: 그러니까 민수 씨도 나중에 여자 친구가 생기면 절대로 운전은 가르쳐 주지 마세요. 정말 싸우기 쉽다니까요. 한 달 전으로 돌아갈 수 있다면 남자 친구한테 운전 가르쳐 달라고 안 할 거예요.
남자: 하하. 알겠어요. 저는 수업 들으러 가야 되는데 지영 씨는 연습하러 안 가요?
여자: 아직 시간이 있어서 차 한잔 마시고 가려고요. 먼저 가세요.

UNIT 6 Company p.91

6. What are they doing? Listen carefully and connect the person with the appropriate expressions.

1. 남자: 여보세요. 김 과장님 계십니까?
   여자: 김 과장님은 회사 일로 일본에 가셨습니다. 수요일에 돌아오시는데 메모 남겨 드릴까요?
   남자: 아닙니다. 목요일쯤 다시 전화드리겠습니다.

2. 여자: 여보세요. 의사 선생님과 통화할 수 있을까요?
   남자: 선생님 지금 식사하러 나가셨는데요.
   여자: 언제 돌아오세요?
   남자: 두 시 전에는 돌아오실 거예요.

3. 여자: 여보세요. 한국어센터 사무실이지요? 김수미 씨 좀 바꿔 주세요.
   남자: 지금 학생과 이야기하고 있는데……. 급하세요?
   여자: 아니에요. 물어보고 싶은 게 있어서요.
   남자: 성함하고 전화번호를 알려 주시면 전해 드리겠습니다.

4. 아이: 여보세요. 엄마! 형 지금 집에 있어요? 핸드폰을 안 받아요.
   엄마: 지금 씻고 있어.
   아이: 그럼, 오늘 날씨가 안 좋아서 축구 안 하기로 했다고 전해 주세요.
   엄마: 그래, 알았어.

7. Listen carefully and choose the correct answer.

크리스: 와, 벌써 새해다. 난 올해에는 가족과 함께 시간을 더 많이 보내려고 해. 작년에는 너무 바빠서 못했지만 올해에는 가족들과 이야기도 많이 하고, 여행도 자주 가려고 해. 앤디, 너는 술, 담배 좀 끊는 게 어때?
앤디: 그렇지 않아도 요즘 건강이 나빠져서 담배 끊으려고 해. 술은 끊기가 어려울 것 같고……. 양양 계획은 뭐야?
양양: 난 올해는 돈을 좀 아껴 쓰기로 했어. 작년에 돈을 너무 많이 썼거든. 수지는 뭐 할 거야?
수지: 난 운동 시작했어. 부모님이 내 건강 때문에 걱정을 많이 하셔서……. 지난주에 스포츠센터에 등록했고 주말마다 부모님과 등산 가기로 약속도 했어.
크리스: 그래? 좋은 생각이네.

8. Listen carefully and answer the questions.

내일 일정을 말씀드리겠습니다. 내일은 조금 일찍 일어나서 '성산일출봉'에 올라가려고 합니다. 성산일출봉 위에서 보는 아침 바다가 정말 아름답습니다. 오전 6시에 호텔 앞에서 출발하겠습니다. 성산일출봉은 가고 싶은 분만 가시면 됩니다. 산에서 내려온 후에 다시 호텔로 돌아와서 아침 식사를 하고, 9시부터 관광을 시작하겠습니다. 제일 먼저 갈 곳은 폭포입니다. 물이 떨어지는 모습을 보면 가슴까지 시원해집니다. 수영은 할 수 없지만 폭포 옆에 꽃이 많이 피어 있으니까 폭포도 구경하고 사진도 찍으시기 바랍니다. 점심 식사는 바다가 보이는 식당에서 회를 먹으려고 합니다. 회를 못 드시는 분은 다른 음식을 주문하시면 됩니다. 점심을 먹고 나서 2시쯤에 '테마파크'에 갑니다. 세계의 여러 장소를 작게 만든 이곳에서 두 시간 동안 세계를 여행할 수 있습니다. 테마파크를 구경한 후에 민속마을에 가겠습니다. 민속마을에서 옛날 집과 물건들을 보면서 제주도의 전통 문화를 느껴 보시기 바랍니다. 저녁 식사는 민속마을에서 전통 공연을 보면서 할 예정입니다. 다시 호텔로 돌아오는 시간은 저녁 8시쯤이 될 것입니다. 그럼, 내일 아침에 뵙겠습니다.

UNIT 7 Consuming and Saving p.107

7. Listen to the conversation and mark "O" if the statement is true and "X" if the statement is false.

아빠: 지영아, 너 지난달에 핸드폰을 많이 썼나 봐. 네 핸드폰 요금이 너무 많이 나왔다.
딸: 정말요? 얼마 나왔는데요?
아빠: 보통 3만 원쯤 나오는데 이번에는 5만 원이 넘었어.
딸: 정말요? 그렇게 요금이 많이 나올 줄 몰랐는데……. 지난달에 핸드폰으로 인터넷을 많이 해서 그런가 봐요. 죄송해요.
아빠: 이렇게 하자. 지금까지는 네가 돈이 필요할 때 아빠가 돈을 주고, 네 핸드폰 요금도 아빠가 냈지만, 다음 달부터는 한 달에 10만 원 용돈을 줄게. 그 돈으로 네가 핸드폰 요금도 내고 필요한 물건도 사.
딸: 10만 원요? 10만 원으로 어떻게 한 달을 살아요?
아빠: 10만 원이 적을 것 같지만, 네가 돈을 잘 절약하면 한 달을 쓰고 남을 수도 있어. 남는 돈을 모으면 나중에 네가 사고 싶은 물건도 살 수 있고.
딸: 지금까지 용돈을 받아 본 적이 없어서 잘할 수 있을지 모르겠어요.
아빠: 우리 딸은 잘할 수 있을 거야.

8. Listen carefully and check if the speaker is positive about the credit card or not.

1. 저는 돈 모으려면 신용카드를 만들면 안 된다고 생각합니다. 사고 싶거나 꼭 필요한 물건이 아닌데 신용카드가 있으면 충동구매를 하게 되거든요. 저는 새로 나온 전자 제품에 관심이 많은데 구경하러 갔을 때 신용카드가 있으면 자꾸 사고 싶어집니다. 만약에 신용카드가 없다면 그냥 구경만 하고 나올 것 같은데 신용 카드가 있으니까 그냥 사게 되는 것 같아요.

2. 요즘 혜택이 많은 카드가 얼마나 많은데요. 저는 얼마 전에 사랑은행에서 카드를 하나 만들었는데 그 카드로 계산을 하면 가족들과 외식할 때 자주 가는 식당의 음식값도 30% 할인이 되고 아이들 책값도 20%나 할인이 돼요. 신용카드의 여러 가지 혜택을 잘 이용하면 현금으로 물건을 사는 것보다 돈을 훨씬 더 절약할 수 있다고 생각해요.

3. 신용카드로 물건을 사게 되면 지금 바로 돈을 내지 않으니까 현금보다 낭비를 많이 하게 되는 것 같아요. 요즘 저는 신용카드를 전혀 쓰지 않지만 전에는 백화점 세일할 때 카드로 옷과 화장품을 사고 나서, 카드 요금을 내야 될 때가 되면 사지 말걸 그랬다고 후회한 적이 많이 있어요. 제가 생각하기에는 낭비를 하지 않으려면 카드를 쓰지 않아야 될 것 같아요.

4. 충동구매 때문에 신용카드를 만들면 안 된다고 생각하는 것은 이해하기가 어렵습니다. 제가 생각하기에는 물건을 사러 가기 전에 필요한 물건을 잘 메모해서 가면 충동구매를 하게 되지 않을 것 같습니다. 카드를 잘 사용하면 장점이 많이 있는데 충동구매 할 것 같아서 카드를 버리고 지갑 안에 현금을 많이 갖고 다닌다면 너무 불편하고 위험하지 않을까요?

9. Listen carefully and answer the questions.

기자: 돈을 버는 것보다 쓰는 게 더 중요하다고 말을 합니다. 그런데 돈을 정말 잘 쓰면서 사는 부부가 있습니다. 며칠 전에, 생활이 힘든 학생들에게 쓰라고 평생 모은 돈 100억을 한국대학교에 낸 부부가 바로 그 주인공입니다. 그 부부를 지금 함께 만나 보시겠습니다. 안녕하세요?
남자, 여자: 안녕하세요?
기자: 저는 100억을 낸 분이라면 아주 크고 좋은 집에 살 거라고 생각했는데요. 이런 작은 아파트에 사실 줄 몰랐습니다.
여자: 가족이 저와 남편, 대학교에 다니는 아들, 이렇게 세 명밖에 없기 때문에 큰 집이 필요 없습니다.
기자: 이 집에서는 에어컨이나 큰 텔레비전, 김치냉장고도 찾을 수가 없습니다.
남자: 지금까지 에어컨이나 김치냉장고가 없어서 불편하다고 생각한 적이 없습니다.
기자: 항상 절약을 하면서 생활하신다면서요? 유명한 구두쇠 부부라고 들었습니다.

남자: 하하. 우리 집에서는 밥을 먹고 나서 입을 닦을 때 사용한 휴지도 신발을 닦을 때 쓰거나 화장실에서 다시 사용합니다.
여자: 남편은 회사에 다닐 때 매일 도시락을 갖고 다녀요. 비가 오거나 날씨가 나쁠 때에도 매일 걸어서 출퇴근하고요.
기자: 남편 이재호 씨의 옷장 안에는 양복이 두 벌밖에 없습니다.
남자: 이건 10년 전에 산 양복이고 저건 5년 전에 샀습니다. 그런데 저보다 우리 집사람이 더 대단합니다. 20년 전에 산 구두를 지금까지 신고 다니거든요.
기자: 두 사람이 아껴서 번 돈을 좋은 일에 써서 행복하다고 말하는 부부. 추운 날씨에 마음까지 따뜻해지는 시간이었습니다. SBC 뉴스 김세아였습니다.

UNIT 8 Korea p.120

7. Listen carefully and choose the correct answer.

요즘 세계 여러 나라에서 케이팝의 인기가 대단합니다. 한국 노래나 드라마를 좋아하는 사람들이 많아지면서 한국으로 여행 오거나 한국어를 배우는 외국인도 많아지고 있습니다. 한국 가수의 콘서트에 온 외국인을 만나 보았습니다.

남자: 안녕하십니까? 어느 나라에서 오셨습니까?
여자: 일본에서 왔어요.
남자: 왜 한국에 오셨습니까?
여자: 한국 노래와 드라마를 좋아해서 한국어를 배우러 왔어요.
남자: 한국어를 배우는데 뭐가 제일 어렵습니까?
여자: 한국어는 일본어와 비슷한 편이라서 많이 어렵지는 않아요. 하지만 발음이 조금 어려운 편이에요.
남자: 한국에 온 지 얼마나 되셨습니까?
여자: 3월에 왔으니까 한국에 산 지 네 달쯤 됐어요.
남자: 한국에 살아 보니까 어떻습니까?
여자: 한국에서 살아 보니까 사람들도 친절하고 음식도 맛있어서 좋아요. 교통도 편리하고요.
남자: 네, 인터뷰 감사합니다. 한국에서 좋은 시간 보내시기 바랍니다.

8. Listen carefully and answer the questions.

다나카: 어, 애니 씨 아니에요?
애니: 다나카 씨? 정말 오랜만에 보네요. 그동안 잘 지냈어요?
다나카: 네, 저는 회사에 다니고 있어요. 애니 씨는 언제 한국에 왔어요?
애니: 일주일 전에요.
다나카: 애니 씨는 5년 전과 똑같네요.
애니: 다나카 씨도요. 다나카 씨를 만나니까 옛날 생각이 나요. 같이 공부하던 친구들은 어떻게 지내는지도 궁금하고요.
다나카: 저는 앤드류 씨를 가끔 만나요.
애니: 수업 시간에 매일 지각하던 친구요?
다나카: 네. 앤드류 씨는 한국 사람과 결혼해서 지금 한국에 살고 있어요.
애니: 그래요?
다나카: 리에 씨는 뮤지컬 배우가 되었다고 들었어요.
애니: 와, 멋지다! 리에 씨는 노래를 잘해서 가수 같았어요.
다나카: 마이클 씨 기억나요? 여행 다니고 사진 찍는 거 좋아하던……. 얼마 전에 여행 책을 썼어요. 지금도 시간이 나면 여기저기 다닌대요.
애니: 모두 잘 지내는 것 같네요.
다나카: 연락처 알려 줄게요. 한번 연락해 보세요.

9. Listen carefully and answer the questions.

딸: 엄마, 이거 언제 찍은 사진이에요?
엄마: 음……. 대학교 다닐 때니까 오래됐네.
딸: 짧은 치마 입고 있는 사람이 엄마예요?
엄마: 응, 엄마가 대학교 다닐 때에는 짧은 치마가 유행이었어.
딸: 근데 여긴 어디예요?
엄마: 엄마가 다니던 학교 앞이야. 여기 이 남자가 누군지 알아? 바로 네 아빠야.
딸: 정말요? 긴 머리에 스카프? 너무 이상해요.
엄마: 스카프를 한 아빠가 얼마나 멋있었는데……. 영화배우 같았어. 이게 80년대에 유행하던 스타일이야. 지금 보면 이상하지만 그때는 정말 멋있어 보였어. 아, 사진을 보니까 옛날 생각난다.
딸: 엄마, 아빠 두 분 다 멋쟁이셨나 봐요.

엄마: 그럼. 옷장에 옛날에 입던 옷들이 있는데 한번 입어 볼래? 너한테 잘 맞겠다. 난 키가 작은 편이라서 커 보이려고 긴 청바지에 높은 구두를 신었거든.
딸: 아니에요. 괜찮아요. 그건 80년대에 유행하던 거잖아요.

UNIT 9 Travel p.134

7. Listen carefully and answer the questions.

날씨를 말씀 드리겠습니다. 지금 서울에 봄비가 내리고 있는데요. 이 비는 오늘 저녁까지 내릴 것으로 보입니다. 내일은 비는 오지 않지만 하루 종일 흐릴 것 같습니다. 주말에도 비 소식은 없습니다. 겨울에 집 안에만 계셨던 분들은 이번 주말에 가족과 여행 계획을 세워 보시는 건 어떨까요? 날씨가 많이 따뜻해져서 외출하시기 좋습니다. 하지만 요즘 감기가 유행이라고 하니까 아침과 저녁에는 따뜻한 옷을 준비하시고, 외출하고 집에 돌아오자마자 손 씻는 것도 잊지 마시기 바랍니다.

8. Listen carefully and check the appropriate boxes below.

여자1: 와, 방학이다! 이번 방학에는 뭐 할 거야?
여자2: 아르바이트를 할까 해. 수영장에서 학생들을 가르치면 재미있을 것 같아.
여자1: 그래? 그럼 여행 계획은?
여자2: 일본에 가고 싶었는데 시간이 별로 없어서 가까운 곳으로 가야 될 것 같아.
여자1: 제주도는 가 봤으니까 부산 어때? 난 이번 주말에 부산에 갈까 하는데……. 같이 갈래?
여자2: 그거 좋은 생각이다.
여자1: 월요일이 휴일이니까 금요일에 떠나서 월요일에 돌아오면 3박4일이 되는데 괜찮아?
여자2: 괜찮아. 근데 뭘 타고 갈까? 요즘 성수기라서 KTX 표는 없을 것 같은데…….
여자1: 고속버스 타면 돼. 고속버스는 표가 있을 테니까 걱정하지 마.
여자2: 그럼 나는 호텔을 알아볼게. 민박이나 여관보다 호텔이 좋겠지? 지난번에 한국호텔에 가 봤는데 큰 편은 아니지만 깨끗하고 좋았어. 성수기라 여행 가는 사람이 많을 테니까 서둘러서 예약할게. 또 뭘 준비해야 되지?
여자1: 지도하고 카메라, 갈아입을 옷만 있으면 되지 않을까? 구경을 다니다가 더우면 수영을 할 수도 있으니까 수영복도 준비하고……. 시간 있으면 인터넷으로 가 볼 만한 곳이나 맛있는 식당 정보도 좀 더 알아보면 좋겠다.
여자2: 알았어. 아, 벌써 금요일이 기다려지는데…….

9. Listen carefully and answer the questions.

사회자: 오늘은 <혼자 떠나는 여행>을 펴낸 김민수 씨와 함께 이야기를 나누어 보려고 합니다.
사회자: 안녕하세요? 김민수 씨.
김민수: 네, 안녕하세요?
사회자: 여행을 정말 좋아하시나 봐요. 언제부터 여행을 다니셨어요?
김민수: 대학교 때 1년 동안 배낭여행을 떠난 적이 있는데요. 여러 나라를 다니면서 우리와 다른 모습으로 사는 사람들을 보는 게 새롭고 재미있었어요. 배울 것도 많고요.
사회자: 보통 여행지나 여행 기간은 어떻게 정하세요?
김민수: 저는 사람들이 많이 가는 곳보다는 그 나라의 문화를 느낄 수 있는 곳에 가는 걸 좋아해요. 배낭 메고, 지도 들고 다니는 거죠. 여행 기간도 미리 정하지 않아요.
사회자: 여행을 많이 다니셨는데 뭐가 가장 기억에 남으세요?
김민수: 여행지에서 열이 나서 일주일 동안 병원에 입원한 적이 있었어요. 도와줄 가족도 없어서 고생했는데 친절한 간호사를 만났어요. 그 간호사가 지금 제 아내입니다.
사회자: 위험한 일은 없으셨어요?
김민수: 기차에서 가방을 도둑맞은 적이 있었어요. 여권하고 돈은 주머니에 있어서 괜찮았는데 옷하고 물건들은 모두 없어졌어요.
사회자: 여행을 다니면서 경험한 게 많으시네요. 오늘 이렇게 시간을 내 주셔서 정말 감사합니다.

Answer Key 해답

UNIT 1 Appearance and Personality p.8

Vocabulary Exercise

1. 1. ② 2. ⑤ 3. ④ 4. ③ 5. ①

2. 2. 넓은 3. 낮은 4. 짙은 5. 두꺼운

3. 2. 말을 잘 들어요 3. 마음이 넓으니까 4. 말이 없었어요
5. 속이 좁아 6. 성격이 밝아

Grammar Exercise

1. 2. 매고 있는 3. 끼고 있어 4. 입고 있어요 5. 끼고 있는
6. 메고 있는, 들고 있는

2. 2. 이번 주가 아니고 3. 부산이 아니고 4. 여자 친구가 아니고
5. 여자 화장실이 아니고 6. 김민수가 아니고

3. 2. 작아 보여요 3. 커 보여요 4. 더워 보여 5. 어려워 보여요
6. 행복해 보여요

4. 2. 민수는 텔레비전을 보는데 3. 동생은 쌍꺼풀이 있는데
4. 지난주는 바빴는데 5. 어제는 추웠는데
6. 피자를 먹고 싶은데 / 배고픈데 7. 매운데

5. 1. 까맣게 2. 어땠어요 3. 파란, 하얀 4. 노란
5. 빨개져요

Comprehensive Exercise

1. 1. ② 두꺼워서
2. 길다 ① 길어서 ② 긴
3. 좁다 ① 좁은 ② 좁아서
4. 연하다 ① 연한 ② 연해서

2. 1. ④ 2. ③ 3. ⑤ 4. ② 5. ①

3.

	-ㅂ/습니다	-아/어요	-았/었어요	-(으)ㄹ 거예요	-(으)ㄴ/는데
듣다	듣습니다	들어요	들었어요	들을 거예요	듣는데
어둡다	어둡습니다	어두워요	어두웠어요	어두울 거예요	어두운데
아프다	아픕니다	아파요	아팠어요	아플 거예요	아픈데
살다	삽니다	살아요	살았어요	살 거예요	사는데
빠르다	빠릅니다	빨라요	빨랐어요	빠를 거예요	빠른데
동그랗다	동그랗습니다	동그래요	동그랬어요	동그랄 거예요	동그란데

4. 1. 멉니다 2. 달라 3. 외로울 4. 하얀 5. 걸어요 6. 예뻐요

5. 2. 안경을 쓰고/끼고 있는데, 렌즈를 끼고 있어요
3. 슬리퍼를 신고 있는데, 구두를 신고 있어요
4. 티셔츠를 입고 있는데, 블라우스를 입고 있어요

6. 3. 마시고 있어요 4. 하고 있어요 5. 기다리고 있어요
6. 입고 있어요 7. 공부하고 있어요 8. 신고 있어요

7. 1. ③ 2. ① ○ ② ○ ③ X

8. 1. ③ 2. ①

9.
☐ 화를 잘 낸다. ☑ 착하다. ☑ 말이 없다.
☑ 내성적이다. ☐ 활발하다.

10. 1. ② 2. ②

UNIT 2 Convenient Life p.20

Vocabulary Exercise

1. 1. 디자인 2. 기능 3. 화질 4. 가격

2. 1. 절약할 2. 확인해야 3. 씻으면 4. 비교하고
5. 잊어버려서 6. 걸

3.

1 전	a 자	레	b 인	지		e 종
	막		터		3 나	이
c 나			넷			컵
2 라	d 디	오			g 크	
	자		f 청		5 기	름
	인		4 소	식		

Grammar Exercise

1. 2. 가려고 해요 3. 입으려고 해요 4. 먹으려고 해요
5. 만들려고 해요 6. 들으려고 해요

2. 2. 버스를 기다리면서 3. 사진을 찍으면서
4. 음악을 들으면서 5. 울면서

3. 2. 동아리에 가입하면 돼요
3. 이 책을 읽으면 돼요
4. 영수증과 옷을 가지고 가면 돼요
5. 3번 출구로 나가서 10분만 걸으면 돼요

4. 〈모범답안〉
2. 빠르고 편하잖아요
3. 무섭잖아요
4. 많이 먹으면 살이 찌잖아요
5. 재미있고 한국어도 배울 수 있잖아요
6. 값도 싸고 맛있잖아요

5. 2. 책을 빌리려고 도서관에 가요
3. 약속 시간에 늦지 않으려고 택시를 탔어요
4. 외국에 여행을 가려고 돈을 모으고 있어요
5. 등산 갈 때 신으려고 등산화를 새로 샀어요
6. 뉴스를 들으려고 텔레비전을 켰어요

Comprehensive Exercise

1. 2. 생신 3. 께 4. 드시고 5. 말씀하셨어요 6. 드릴

2. 1. 만들려고 2. 놀러 3. 드리려고 4. 공부하러
5. 확인하려고 6. 구경하러

3. 1. 드시면 2. 가야 3. 예약해야 4. 주차하시면 5. 가도

4. 〈모범 답안〉
2. 벌려고 한다 / 저금하려고 한다 3. 유학을 가려고 한다
4. 공부하려고 한다 5. 돌아오려고 한다
6. 결혼하려고 한다

5.

좋은 점	나쁜 점
① ③ ⑤ ⑥	② ④

7. 1. ① 2. ①

8. □ 무겁다 ☑ 화질이 좋다 ☑ 디자인이 예쁘다 □ 값이 싸다

9. 1. ③ 2. ②

10. 1. ③ 2. ① X ② ○ ③ X

UNIT 3 Incidents and Accidents p.32

Vocabulary Exercise

1. 2. ③ 3. ④ 4. ② 5. ①

2. 1. 숫자 2. 거짓말 3. 검사 4. 취소 5. 달력 6. 시속

3. 1. 사거리 2. 일어났습니다 3. 신호 4. 받았습니다
5. 당한 6. 치료

4. 1. 아까 2. 엉망이야 3. 다행이잖아 4. 직접

Grammar Exercise

1. 2. 동생이 전화를 안 받는대요
3. 한국 사람들은 설날에 한복을 입는대요
4. 왕양 씨는 학원에서 중국어를 가르친대요
5. 다나카 씨는 한국 가수의 노래를 자주 듣는대요
6. 일본에 여행 갔을 때 만난 친구한테 편지를 쓴대요
7. 마이클 씨 전화번호를 제인 씨가 안대요
8. 수지 씨는 다리를 다쳐서 못 걷는대요
9. 미나 씨는 맛있는 과일을 잘 고른대요

2. 2. 지도가 너무 복잡하대요
3. 미나 씨 노트북은 정말 얇대요
4. 베이징은 날씨가 흐리대요
5. 술은 건강에 나쁘대요
6. 국이 너무 뜨겁대요
7. 한국 드라마는 말이 너무 빠르대요
8. 눈이 와서 밖이 모두 하얗대요

3. 1. 어제 친구를 만나서 늦게까지 이야기했대요
2. 설악산에 아직 못 가 봤대요
3. 신발이 너무 작아서 불편했대요
4. 어제 파티는 정말 재미있었대요

4. 2. 놓여 있어요 3. 누워 있어요 4. 열려 있어요 5. 놓여 있고
6. 놓여 있어요 7. 걸려 있고 8. 닫혀 있어요 9. 앉아 있어요
10. 서 있어요

5. 〈모범 답안〉
2. 여자 친구한테 전화하고 나서 어머니한테 전화해요
3. 바지를 입고 나서 셔츠를 입어요
4. 어려운 숙제를 하고 나서 쉬운 숙제를 해요
5. 컴퓨터를 하고 나서 숙제를 해요
6. 나쁜 소식을 듣고 나서 좋은 소식을 듣고 싶어요

6. 2. 미나 씨가 어디에 사는지 알아
3. 이 선생님이 무슨 꽃을 좋아하시는지 알아
4. 재민 씨가 전에 어디에서 일했는지 알아
5. 10월 9일이 무슨 날인지 아세요
6. 뭐가 제일 맛있는지 아세요

Comprehensive Exercise

1. 1. 들어 2. 쓰고 3. 앉아 4. 들고 5. 만들고 6. 열고
7. 열려 8. 놓여 9. 놓고 10. 서

2. 2. 재민 씨하고 수미 씨는 정말 잘 어울린대요
3. 여기에서 사진을 찍으면 안 된대요
4. 옛날보다 길이 많이 복잡해졌대요
5. 수지 씨는 기타를 칠 줄 안대요
6. 제주도에 꼭 가 보고 싶대요
7. 약속 시간을 못 지켜서 정말 죄송하대요
8. 내일 시험이 있어서 동생이 많이 걱정한대요
9. 그건 민수 씨 말이 맞대요
10. 내일 회의는 오후 두 시래요
11. 저분이 김 부장님이시래요
12. 다나카 씨 부모님은 지금 한국에 계신대요

3. 2. 가는지 아세요, 세 번 간대요
3. 타고 가는지 아세요, 자기 차를 제일 많이 타고 간대요
4. 하는지 아세요, 여행을 제일 많이 한대요
5. 이야기하는지 아세요, 친구하고 제일 많이 이야기한대요

4. 1. ② 세일한대요 ③ 한대요 ④ 없대요
2. ① 옮긴대요 ② 연대요 ③ 연대요 ④ 준대요
3. ① 놓고 내렸대요 ② 신고했대요 ③ 생각했대요
④ 못 찾았대요 ⑤ 찾을 수 있었대요
⑥ 받지 않고 돌아갔대요

5. 1. ☐ 2. ☐ 3. ☑ 4. ☐ 5. ☐ 6. ☑

6. 1. ② 조사했다고 합니다 ③ 믿는다고 합니까
④ 믿는다고 합니다 ⑤ 적어졌다고 합니다
2. ② 조사했대요 ③ 조사했대요 ④ 믿는대요 ⑤ 믿는대요
⑥ 적어졌대요

8. ③

9. 1. ① 2. ① 3. ①

10. 1. ② 2. ③

UNIT 4 Dream and Reality p.50

Vocabulary Exercise

1. 1. 왕 2. 사인 3. 생방송 4. 시골 5. 미역국

2. 1. ③ 2. ② 3. ⑤ 4. ① 5. ④

3. 2. 간단해요 3. 아까워요 4. 창피했어 5. 멋진

Grammar Exercise

1. 2. 아이가 좋아했으면 좋겠어요
3. 수업이 빨리 끝났으면 좋겠어요
4. 비가 안 왔으면 좋겠어요
5. 부모님이 옆에 계셨으면 좋겠어요
6. 문제가 쉬웠으면 좋겠어요

2. 2. 얼마나 빠른데요 3. 얼마나 추운데요
4. 얼마나 재미있는데요 5. 얼마나 잘 만드는데요
6. 얼마나 많이 왔는데요 7. 얼마나 귀여웠는데요

3. 2. 요즘 요가가 유행하고 있다면서요
3. 한국 사람들은 생일에 미역국을 먹는다면서요
4. 피곤할 때 초콜릿을 먹으면 좋다면서요
5. 어제 서울백화점에 큰불이 났다면서요

4. 2. 재미있다 3. 멀다 4. 그린다 5. 산다 6. 가방이다
7. 11시다

5. 2. 영화배우처럼 멋있다면 3. 내 생일이라면
4. 돈을 많이 번다면 5. 50년 전으로 돌아간다면

6. 2. 먹을래 3. 기다릴래 4. 배울래요 5. 칠래요 6. 만들래

Comprehensive Exercise

1. 2. 푹 3. 꼭 4. 열심히

2. 1. ④ 2. ③ 3. ② 4. ⑤ 5. ①

3. 2. 갔으면 좋겠어요, 얼마나 잘 치는데요
3. 있었으면 좋겠어요, 얼마나 사랑하는데요
4. 고쳤으면 좋겠어요, 얼마나 추운데요
5. 조용했으면 좋겠어요, 얼마나 시끄러운데요
6. 작았으면 좋겠어요, 얼마나 불편한데요

4. (3) - (2) - (7) - (1) - (4) - (6) - (5)

5. <모범답안>
1. ② 상을 받는다면 ③ 과장이 된다면
2. ② 남자 친구와 헤어진다면 ③ 시험에서 떨어진다면

6. 1. ② 2. ③ 3. ①

7. 1. X 2. ○ 3. X

8. 1. ② 2. ③ 3. ⑤

9. 1. ① 2. ②, ④

UNIT 5 Mistakes and Regrets p.64

Vocabulary Exercise

1. 1. 설거지 2. 지난주 3. 주사 4. 아이스커피 5. 집들이
6. 스트레스 7. 치과 8. 과일 9. 일기예보 10. 기분

2. 2. 괴로워서 3. 편한 4. 똑같아요 5. 약했어요

3. 1. 통화했는데 2. 참지 3. 가져왔어요 4. 과로하는 5. 떠날

Grammar Exercise

1. 2. 운전하느라고
3. 그림을 그리느라고
4. 책을 읽느라고/보느라고
5. 아르바이트를 하느라고 / 일하느라고
6. 케이크를 만드느라고 7. 이사하느라고

2. 2. 시험 때문에 3. 엄마/어머니 때문에 4. 회의 때문에
5. 일 때문에 6. 부장님 때문에

3. 2. 아무리 읽어도 3. 아무리 들어도 4. 아무리 기다려도
5. 아무리 추워도 6. 아무리 바빠도

4. <모범답안>
2. 자전거를 타기가 좋아요
3. 음식을 주문하기가 힘들어요
4. 문자 메시지를 보내기가 편해요
5. 밤에 혼자 걷기가 무서워요

5. 2. 주인도 참 친절하거든요 3. 일찍 일어나야 되거든요
4. 별로 바쁘지 않거든요 5. 어렸을 때 배웠거든요
6. 병원에 입원했거든요

6. 2. 조심했어야 됐는데……
3. 다른 영화를 봤어야 됐는데……
4. 미리 준비했어야 됐는데……
5. 결혼식에 꼭 갔어야 됐는데……
6. 조금만 마셨어야 됐는데……

Comprehensive Exercise

1. 2. 잊어버렸어요 3. 깨우기가 4. 걸려 5. 돌아가셨다
6. 아껴서

2. 1. 공부하느라고 2. 와서 3. 걸려서 4. 가셔서
5. 야근하느라고

3. 2. 음악 듣느라고 소리를 못 들었어요.
3. 이런 날이 등산하기 더 좋아요.
4. 모르겠어요. 아무리 물어봐도 말을 안 해요.
5. 미안해요. 일찍 출발했어야 됐는데…….

4. 1. 퇴근 시간이라서 2. 화장실 때문에 3. 노트북 때문에
4. 중국 사람이라서 5. 숙제 때문에 6. 스트레스 때문에

5. <모범답안>
1. 저는 아무리 바빠도 밥을 꼭 먹어야 돼요.
2. 저는 세상에서 설거지하기가 제일 싫어요.
3. 일 때문에 바빠서 여행을 못 갔어요.
4. 담배를 피우지 말았어야 됐는데 다시 담배를 피웠어요.

6. 1. ① 2. ① ○ ② X ③ ○

7. 1. 밤에 잠을 잘 못 잤기 때문에 2. 회의 준비를 하느라고
3. 창문을 닫지 않고 나와서

8.
- ☐ 공부를 열심히 하지 않는다.
- ☐ 수업 시간에 자주 존다.
- ☑ 집에서 혼자 있으려고 한다.
- ☐ 밥을 잘 먹지 않는다.
- ☐ 친구들을 만나지 않는다.
- ☑ 엄마와 대화를 잘 하지 않는다.
- ☐ 집에 늦게 들어온다.

9. 1. ① 2. ③

UNIT 6 Company p.78

Vocabulary Exercise

1. 1. 인원 2. 교육 3. 제목 4. 인사 5. 보고 6. 주인공

2. 1. 메모 2. 안내 3. 공장 4. 홈페이지 5. 신청서 6. 작가

3. 2. 남기세요 3. 신청하면 4. 근무해요 5. 복사해서
6. 제출하면

Grammar Exercise

1. 2. 회의하는 중이에요 3. 수리하는 중입니다
4. 만드는 중이야

2. 1. 통화 중 2. 공사 중 3. 복사 중 4. 운전 중
5. 외출 중 6. 전시 중

3. 2. 내린 후에 3. 운동한 후에 4. 계산한 후에
5. 설명을 들은 후에 6. 눈사람을 만든 후에

4. 2. 만나기로 했어요 3. 먹기로 했어요
4. 겨울옷을 사기로 했어요 5. 가기로 했어요
6. 등산하기로 했어요 / 등산 가기로 했어요

5. 2. 자기 전에 3. 밥을 먹기 전에 4. 집에 들어가기 전에
5. 버스에서 내리기 전에 6. 병원에 가기 전에

6. 2. 이메일을 확인해 주시기 바랍니다
3. 회의 시간에 늦지 마시기 바랍니다
4. 퇴근할 때 컴퓨터를 끄시기 바랍니다
5. 신청서를 작성한 후에 접수하시기 바랍니다
6. 휴대 전화 벨소리를 진동으로 바꿔 주시기 바랍니다

7. 1. 켭시다 2. 먹읍시다 3. 걸읍시다 4. 만듭시다

8. 1. ② 봅시다 ③ 합시다 ⑤ 먹지 맙시다
⑥ 이야기하지 맙시다
2. ① 도와줍시다 ② 인사합시다 ③ 씁시다 ④ 받지 맙시다
⑤ 하지 맙시다 ⑥ 놓지 맙시다

Comprehensive Exercise

1. 2. 검토하세요 3. 절약해야 4. 계산했어요 5. 통화했어요
6. 이사하려고 7. 방문하는

2. 1. ① - ⓑ, ② - ⓐ 2. ① - ⓐ, ② - ⓑ 3. ① - ⓑ, ② - ⓐ
4. ① - ⓐ, ② - ⓑ

3. 2. 합시다 3. 먹어요 4. 합시다

4. 2. 안전선 밖으로 한 걸음 물러서 주시기 바랍니다.
3. 이름을 부르면 안으로 들어가시기 바랍니다.
4. 계단을 이용해 주시기 바랍니다.

5. 번호표를 뽑고 기다려 주시기 바랍니다.
6. 줄을 서 주시기 바랍니다.

5. 1. ③ 2. ①

6. 1. ③ 2. ④ 3. ① 4. ②

7. 1. ② 2. ③

8. 1. (1) - (3) - (2) - (4)
2. ②

UNIT 7 Consuming and Saving p.92

Vocabulary Exercise

1. 1. 영화 2. 화장품 3. 장점 4. 낭비 5. 비용 6. 용돈
7. 운동 기구 8. 충동구매 9. 구두쇠

2. 1. 요금 2. 현금 3. 가격 4. 신용카드 5. 생활비

3. 1. 분실해서 2. 남았다 3. 돌려받았다 4. 모으고
5. 후회하게 6. 할인되기

Grammar Exercise

1. 2. 이렇게 비쌀 줄 몰랐어요
3. 경치가 이렇게 아름다울 줄 몰랐어요
4. 길이 막힐 줄 몰랐어요
5. 일이 이렇게 힘들 줄 몰랐어
6. 삼계탕이 이렇게 맛있을 줄 몰랐어요

2. 2. 사진을 보거나 전화해요
3. 음악을 듣거나 맛있는 음식을 먹어요
4. 책을 읽거나 영화를 봐요
5. 커피를 마시거나 껌을 씹어요
6. 친구에게 물어보거나 사전을 찾아봐요

3. 2. 사나 보다 3. 좋은가 보다 4. 읽나 보다 5. 심심한가 보다
6. 후회하나 보다 7. 듣나 보다 8. 매운가 보다 9. 아나 보다
10. 먼가 보다 11. 위험하지 않은가 보다
12. 확인하지 않나 보다

4. 2. 옷이 작은가 봐 3. 밖에 눈이 오나 봐요
4. 매운 음식을 못 먹나 봐요 5. 지갑을 잃어버렸나 봐요
6. 시험을 잘 봤나 봐요

5. 2. 가져올걸 그랬어 3. 볼걸 그랬어요
4. 자르지 말걸 그랬어요 5. 사지 말걸 그랬어요
6. 자지 말걸 그랬어 / 볼걸 그랬어

6. 2. 하나밖에 없어 3. 20분밖에 안 걸려요
4. 여동생밖에 없어요 5. 네 달밖에 안 배웠어요
6. 명동하고 인사동밖에 안 가 봤어요

7. 2. 맛있는 인도 음식을 먹으려면 3. 김민수 씨를 만나려면
4. 손을 씻으려면 5. 뉴스를 들으려면 6. 통장을 만들려면

Comprehensive Exercise

1. 2. ① 쓰는 3. ② 들어요 4. ① 썼어요 5. ① 쓰기
6. ③ 다니고

2. 1. 모으면 2. 찍으려면 3. 쉬면 4. 만들려면 5. 빼려면
6. 하면 7. 신으면 8. 않으면

3. 〈모범답안〉
2. 피곤한가 봐요
3. 책이 재미있나 봐요
4. 남자 친구와 헤어졌나 봐요
5. 여자 친구를 기다리나 봐요
6. 가방이 무거운가 봐요
7. 화가 났나 봐요
8. 아이를 안 좋아하나 봐요

4. 2. 막힐 줄 몰랐어요, 탈걸 그랬어요
3. 이렇게 많을 줄 몰랐어요, 살걸 그랬어요
4. 모자랄 줄 몰랐어요, 준비할걸 그랬어요
5. 이렇게 많이 걸릴 줄 몰랐어요, 출발할걸 그랬어요
6. 이렇게 어려울 줄 몰랐어요, 공부할걸 그랬어요

5. 1. ④ 2. ① 3. ③ 4. ②

7. 1. X 2. ○ 3. X

Answer Key 해답

8. 1. negative ☑ 2. positive ☑ 3. negative ☑
4. positive ☑

9. 1. ①

2.
- ☐ 할인되는 카드로 에어컨과 김치냉장고를 산다.
- ☑ 회사에 갈 때 도시락을 갖고 다닌다.
- ☐ 백화점 세일할 때 양복을 여러 벌 산다.
- ☑ 한 번 산 물건을 오래 쓴다.
- ☐ 회사에 갈 때 버스나 지하철을 이용한다.

UNIT 8 Korea p.108

Vocabulary Exercise

1. 1. 외출할 2. 오래된 3. 베면 4. 전시되어 5. 느낄
6. 지냈어요

2. 1. 얼마나 2. 어디서나 3. 무엇보다도 4. 누구나

3. 1. 하숙집 2. 서울타워 3. 박물관 4. 공예품
5. 대중교통 6. 블로그

Grammar Exercise

1. 2. 입던 3. 타던/쓰던 4. 신던 5. 마시던 6. 읽던
7. 먹던

2. 2. 가 볼 만한 3. 읽어 볼 만해요 4. 타 볼 만하고요
5. 마셔 볼 만해요

3. 2. 점심을 먹은 지 두 시간이 됐어요
3. 고향에 돌아간 지 일주일이 됐어요
4. 태권도를 배운 지 6개월이 됐어요
5. 서울에 산 지 10년이 됐어요

4. 2. 타 보니까 3. 살아 보니까 4. 배워 보니까
5. 만나 보니까 6. 써 보니까

5. 2. 봄 같아요 3. 한국 사람 같아요 4. 그림 같아요
5. 거짓말 같아요

6. 2. 별로 안 하는 편이에요 3. 많지 않은 편이에요
4. 별로 안 추운 편이에요 5. 먼 편이에요
6. 자주 보는 편이에요

Comprehensive Exercise

1. 1. ② 들어서 ③ 들어요
2. 쓰다 ① 써도 ② 써요 ③ 쓰고
3. 받다 ① 받았어요 ② 받았어요 ③ 받아서
4. 맞다 ① 맞으면 ② 맞았어요 ③ 맞았어요

2. 2. 갖다 주세요 3. 데려다 줄게 4. 갖고 가요
5. 갖다 드려야

3. 1. ② 2. ① 3. ④ 4. ③ 5. ⑤

4. 2. 보는 3. 전시될 4. 먹던 5. 할 6. 오는
7. 가져온 8. 쓰던

5. 1. X 2. X 3. ○

6. <모범 답안>

	좋은 점	나쁜 점
	깨끗하다, 밝다, 공기가 좋다, 조용하다	학교에서 멀다
	교통이 편리하다, 식당이 많다, 가 볼 만한 곳이 많다, 생활하기 편하다	시끄럽다, 방이 작다, 비싸다

7. 1. ③ 2. ②

8. 1. ① - ⓒ, ② - ⓐ, ③ - ⓑ
2. ① X ② ○ ③ ○

9. 1.

2. ②

UNIT 9 Travel p.122

Vocabulary Exercise

1. 1. 한옥 2. 등반 3. 지도 4. 세수 5. 환전
6. 성수기 7. 여권

2. 1. 배낭여행 2. 성공 3. 기간 4. 계단 5. 고생
6. 곳 7. 소설책

3. 1. 추천해 2. 놓쳐서 3. 깼거든 4. 서두르지
5. 보존되어 6. 부딪쳤는데

Grammar Exercise

1. 2. 운전면허를 딸까 해요 3. 가족들 선물을 살까 해요
4. 제주도를 여행할까 해요 5. 그냥 집에서 먹을까 해요
6. 시골에 가서 살까 해요

2. 2. 시험이 어려울 테니까 열심히 공부합시다
3. 수요일에는 시간이 없을 테니까 금요일에 만납시다
4. 내일 날씨가 추울 테니까 옷을 따뜻하게 입으세요
5. 금방 갈 테니까 잠깐만 기다려 주세요
6. 내가 도와줄 테니까 걱정하지 마세요
7. 내가 영화 표를 살 테니까 너는 밥을 사
8. 내가 음식을 만들 테니까 웨이 씨는 청소를 좀 해 주세요

3. 2. 날 뻔했어 3. 잃어버릴 뻔했는데 4. 잊어버릴 뻔했어
5. 늦을 뻔했는데

4. 2. 보다가 3. 자다가 4. 숙제하다가 5. 만들다가
6. 하다가 7. 타다가 8. 하다가

5. 2. 도착하자마자 3. 샤워하자마자 4. 밥을 먹자마자

6. 2. 샀던 3. 찍었던 4. 샀던 5. 먹었던

Comprehensive Exercise

1. 1. 세웠어요 2. 낳았대요 3. 나누다가 4. 반했거든요
5. 날

2. 1. 읽던 2. 갔던 3. 마시던 4. 배웠던 5. 먹던
6. 갔던 7. 만났던

3. 1. 건너서 2. 하다가 3. 가서 4. 다니다가 5. 만들어서
6. 작성해서

4. 2. 타다가, 부딪칠 뻔했어요 3. 자다가, 놓칠 뻔했어요
4. 설거지하다가, 깰 뻔했어요 5. 요리하다가, 날 뻔했어요

5. 2. 제주도로 갈까 해요. 친구가 좋다고 해서요.
3. 앞으로 쭉 가다가 사거리에서 오른쪽으로 돌아가세요.
4. 이번 학기가 끝나자마자 혼자 배낭여행을 떠나려고 해요.
5. 남편을 처음 만났던 곳이거든요.

6. 1. F 2. T 3. F 4. F

7. 1. ② 2. ①

8.

여행지	부산 ☑ 제주도 ☐ 일본 ☐
기간	2박 3일 ☐ 3박 4일 ☑ 4박 5일 ☐
교통	고속버스 ☑ KTX ☐ 비행기 ☐
숙박	민박 ☐ 여관 ☐ 호텔 ☑
준비할 것	지도 ☑ 노트북 ☐ 카메라 ☑ 알람 시계 ☐ 전자사전 ☐ 소설책 ☐ 수영복 ☑

9. 1. ① 2. ②

집필위원

장은아 고려대학교 교육학과 박사
서울대학교 언어교육원 한국어교육센터 대우조교수

김은아 서울대학교 외국어교육과 박사 수료
서울대학교 언어교육원 한국어교육센터 대우조교수

주은경 이화여자대학교 한국학과 석사
서울대학교 언어교육원 한국어교육센터 대우전임강사

김미경 이화여자대학교 교육대학원 외국어로서의 한국어교육학과 석사
서울대학교 언어교육원 한국어교육센터 대우전임강사

Active Korean 4 **Workbook**

지은이	서울대학교 언어교육원
기획/편집	박형만, 공제학
발행처	(주)투판즈
주소	서울특별시 서초구 논현로 87, 5층
전화	(02)2140-2500
팩스	(02)2140-2599
인터넷 주소	www.twoponds.co.kr
등록	1980년 10월 7일 제2004-000086호
초판 1쇄	2013년 6월 20일
7쇄	2021년 12월 1일
가격	₩ 10,000

「이 도서의 국립중앙도서관 출판시도서목록(CIP)은
e-CIP 홈페이지(http://www.nl.go.kr/ecip)에서 이용하실 수 있습니다.
(CIP제어번호: CIP2013009032)」